만화로 보는
세기의 **철학자**들
폭력을 말하다

Portraits of Violence by Brad Evans and Sean Michael Wilson

Copyright © 2016 by Brad Evans and Sean Michael Wilson
All rights reserved.
Korean translation copyright © 2018 by Darun Publisher
Korean translation rights are arranged with New Internationalist through Amo Agency Korea.

이 책의 한국어판 저작권은 AMO 에이전시를 통해 저작권사와 독점 계약한 다른에 있습니다.
저작권법에 의해 한국 내에서 보호를 받는 저작물이므로 무단 전재와 무단 복제를 금합니다.

만화로 보는
세기의 **철학자**들
폭력을 말하다

우리는 폭력에 대항할 수 있을까?

브래드 에번스 외 지음 | 로버트 브라운 외 그림 | 고은주 옮김

여는 글

우리는 폭력에 대해 어떻게 가르쳐야 할까

오늘날 여러 가지 형태의 폭력이 사회 곳곳에서 나타나고 있다. 우리는 교육을 통해 폭력을 비판하고 경각심을 일깨울 필요가 있다. 그런 교육의 필요성이 지금보다 더 절실했던 적은 없는 것 같다. 안타깝게도 우리는 정치·문화에 대한 무지의 시대에 살고 있다. 이 때문에 과거의 폭력을 인정하는 것을 거부한다. 매스미디어는 대중의 관심을 연예인 따라 하기, 소비 지상주의, 공허한 유흥에 집중하도록 조장한다. 대중은 그러한 문화를 수동적으로 받아들이고 소비한다. 미국의 저술가 제임스 볼드윈James Baldwin이 적확하게 경고했듯이 "무지가 권력과 결탁하면, 정의에 대항하는 가장 야만스러운 적이 된다."

폭력은 조직적인 망각을 일으키고 있다. 이 말은 오늘날의 정치가 이성이나 진실보다 감정에 호소하면서 조각나고 왜곡된 지식들을 끝도 없이 생산하며 역사를 지워나가고 있다는 의미이다. 여기에서 우리가 배워야 할 점은 분명하다. 비판적 문화와 그런 문화를 육성할 공론의 장이 없다면, 우리의 사고를 마비시키는 다른 유형의 폭력이 등장할 것이다. 그 폭력 때문에 사람들은 비판적으로 생각하고 책임감과 판단력을 가지고 행동하는 것이 더 어려워지게 될 것이다.

무지의 문화는 사람들을 즉흥적이고, 스릴 넘치고, 쾌락적인 문화에 빠져들게 한다. 또한 과시적인 소비를 하고 유명 연예인을 모방하는 일에 집착하게 한다. 결국 우리는 정치로부터 관심을 돌리게 될 것이다.

우리는 비판적 사고와 기억이 사회의 여러 권력으로부터 공격당하거나 과소평가되는 시대에 살고 있다. 역사를 기억한다는 건 위험한 행동이 되었다. 역사를 기억하면 과거의 저항 행동과 집단 투쟁, 권력에 위협적이라고 분류되었던 지식을 돌아보게 되기 때문이다. 권력자들은 역사를 망각하게 하는 폭력을 가하고 있다. 주류 정치와 새로운 커뮤니케이션 문화는 현 시대가 속도, 즉각적인 정보, 끝없이 생산되는 파편적인 지식에 집착하는 시대라고 강조하며 역사를 잊게 만드는 데 매우 큰 역할을 하고 있다. 속도를 강조하는 문화는 이성과 반대 의견과 비판을 과소평가한다. 민주주의에 필요한 비판적 사고와 지식을 길러주고 집단 투쟁을 북돋우는 공공 교육과 고등 교육 같은 제도 역시 평가절하한다.

권위주의의 그림자가 다시 한 번 크게 드리워질 때, 기억과 역사와 사고는 사회적·정치적 공격의 대상이 된다. 우리는 이것을 기본적 인권과 인간의 존엄뿐 아니라 미래를 향한 사회적 동력에 대한 공격으로 받아들여야 한다. 그렇기 때문에 다양한 사람에게 필요한 교육 도구를 개발하는 것이 이 폭력과의 전쟁에서 가장 중요하다. 교육은 민주주의를 위해 무엇을 해야 하는가? 교육자와 예술가, 기타 문화 산업 종사자들은 청년들을 위해 어떤 경제적·정치적·윤리적 조건을 만들어내야 하는가? 이러한 질문의 해답을 찾는 일이 중요하다는 것을 기억해야 한다. 청년들이 생각하고, 질문하고, 자유롭게 상상하고, 자발적으로 행동하고, 의미 있는 일을 하는 데 필요한 기술을 배우고, 교육의 목적을 수호하는 능력을 기를 수 있도록 기반을 마련해주어야 한다.

교육은 민주주의의 기초다. 비판적 교육을 하고, 자기 성찰적이며, 지식이 풍부하고, 도덕적 판단을 내리고, 사회적 책임을 지며 행동하는 시민을 길러낼 수 없다면 그 어떤 민주주의 사회도 더 이상 지속되기 어렵다. 이런 점에서 도덕적·정치적 행위의 주체인 교육은 비판적 분석과 도덕적 판단의 중요성을 강조하는 것 이상의 역할을 한다. 또한 교육은 개인적 문제나 시민 사회 단체가 안고 있는 문제, 민주주의 정치 조직의 변화하는 요구와 약속을 이론적으로 체계화할 수 있는 도구를 제공한다. 간단히 말해서 교육은 민주주의 단체들의 확장과 그들의 목표를 위해 분투하겠다는 커다란 희망과 뗄 수 없는 관계다. 더욱이 비판적 교육은 시민 사회 단체가 배척당하고 때로는 지적 폭력의 시달림을 받았던 장소와 사실들을 찾아내서 이슈로 만드는 것을 주요 과제로 여긴다.

그럴 때 교육은 비판적이고 자주적인 시민과 비판적인 문화를 만들어내는 것 이상의 역할을 한다. 교육은 자아 성찰과 권력에 의문을 제기하는 능력을 키워주기도 한다. 교육을 통해 청년들과 시민들은 개인적인 문제를 사회제도적인 문제로 인식하게 되고, 비판적 사고를 통해 중요한 사안들을 한 개인의 문제가 아닌 폭넓은 사회적 문제로 다룰 수 있게 된다. 교육의 이런 기능은 인종 차별적 폭력, 여성 혐오와 관련된 폭력, 젊은 세대의 미래에 가해지는 공격 같은 문제들이 개인적 차원에서 해결될 수 없을 때 특히 중요하다.

이 같은 비판적 교육의 개념은 우리 사회가 폭력으로 가득 차 있을 때에도 중요하지만, 대중문화에서 폭력이 재생산되고 거리나 학교에서 소외 계층이 지속적으로 폭력을 경험하고 있을 때 특히 중요해진다. 비판적 교육은 폭력이 구조적일 뿐 아니라 상징적이며, 상징적 폭력(지배 집단이 피지배 계급의 문화를 저급한 것으로 낙인찍는다고 말한 피에르 부르디외의 개념_옮긴이)은 '믿음과 설득'을 통해 가해진다는 사실에 주목하게 한다. 교육은 모든 형태의 폭력에 대항하는 투쟁과 정치의 중심이 되어야 한다. 투쟁이 성공하기를 바라는 마음에는 분명히 자기 자신, 다른 사람들과의 관계, 더 큰 세상을 보는 방식을 변화시켜야 한다는 간절한 요구가 있다. 비판적 교육은 경제적·사회적 정의를 주장하게 한다. 또한 자기 파괴적 행위를 생산적인 집단 행동으로 바꾼다. 아울러 정치권력이 우리를 어떻게 조종하는지 깨닫게 만든다. 비판과 개선 가능성 모두에 대한 담론을 발전시킬 수 있는 도구도 제공한다. 그러므로 비판적 교육은 다양한 형태의 제도적 폭력에 심각한 도전이 될 수 있다.

폭력은 신체뿐 아니라 정신과 영혼까지 불구로 만든다. 이를 안다면 비판적 교육이 가능하다. 그리하여 건강한 삶을 위한 지식과 기술을 얻는다는 것이 어떤 의미인지 알 수 있다. 또한 폭력의 책임이 개인에게 있고 폭력을 양산하는 이념적·제도적 조건을 바꿀 수 없다는 잘못된 믿음이나 사상, 이념, 가치에서 벗어나려면 어떻게 해야 하는지 알 수 있다.

권위주의 체제에서는 사회적 문제를 해결하는 유일한 방법이 취약 계층에게 그 책임을 돌리는 것이었다. 이 점을 많은 사람에게 설득하기 위해 공공 교육은 언제나 이데올로기를 이용해왔다. 현재 백인 빈곤층이 다른 종교와 다른 피부색을 가진 사람들에 대항하여 싸우는 데 동원되고 있는 것이 그 사실을 말해준다. 정치가 국민의 증오와 경제적 어려움을 이용하는 한 그들을 정치적으로 계몽하는 일은 불가능하다. 오늘날 우리는 구세주 같은 정치인을 찬양하고, 권력과 정책의 관계를 과소평가한다. 그런 정치 상황에서는 사람들이 서로 연대하여 민주주의를 회복하려 하지 않고 똑같이 억압받는 타인들에게 비난의 화살을 돌림으로써 자신의 고통을 피하고자 한다.

전 세계에 대한 핵 위협은 눈에 보이지 않는 새로운 형태의 폭력이다. 사람들은 이 보이지 않는 공포 때문에 아무것도 하지 못한다. 핵무기는 인류를 파괴할 수 있지만 그 누구도 책임지지 않고 통제하지도 못하고 있다. 그 거대한 핵 시스템 앞에 우리가 해결할 수 있는 길은 가로막혀 있다. 불안, 분노, 불행은 우회로를 찾아야 한다. 불만을 정치적 파시즘으로 이용하려는 데 맞서기 위해서는 개인적 문제를 사회적 문제와 연결시키는 윤리적·정치적·사회적 분석 모델이 도움이 될 것이다.

비판적 교육을 통해 사람들이 억압과 폭력에 이의를 제기하게 될 것이라는 보장은 없다. 하지만 비판을 허용하는 민주주의 문화가 없다면 권력과 국가 폭력이 점점 더 심해질 것이란 점은 분명하다. 그렇게 되면 억압과 폭력이 일상적인 일로 느껴지게 된다. 그리고 대중이 다양한 형태의 지배를 정당화하는 교육을 받으며 정치의식에서 멀어지게 되면 민주주의는 쇠퇴해가고, 폭력은 어떤 제재도 받지 않을 것이다.

그러나 비판적 교육에는 어려움이 따르기 마련이다. 불편하게 한다는 이유로 배제되는 지식이 있어선 안 된다. 오로지 사회 안정을 이유로 골치 아픈 지식이나, 그 지식을 분석하는 데 필요한 자원에 접근하지 못하게 해서는 안 된다. 비판적 교육은 두려움, 경계심, 공포를 강화하는 대신 가능성을 도모하는 기술이 되어야 한다. 참을 수 없는 불의에 맞서는 것은 도전 정신을 일깨우고 분노하는 일이 되어야 한다. 이 책에 소개된 철학자들, 사상가들의 글을 읽고 지적·정서적으로 피로감을 느끼지 않을 사람이 어디 있겠는가? 폭력을 만들어내는 사회적·문화적 조건들에 대해 우리는 윤리적으로 분노하고 책임감 있는 행동에 나서야 한다.

지금은 그 어느 때보다 비판적 사고가 매우 중요하다. 비판적 사고를 키우는 공론의 장이 있어야 중요한 사회적 이슈를 포착하고 더 평등하고 정의로운 사회를 요구할 수 있다. 그렇게 함으로써 우리 사회는 인간의 고통을 덜어줄 수 있는 최소한의 토양을 마련할 수 있다. 사상은 공허한 몸짓이 아니며 막연한 이상주의를 추구하는 것 이상의 역할을 한다. 사상은 개인과 사회에 대한 우리의 의식에 어떠한 한계와 의지가 있는지 평가하는 데 결정적인 근거가 된다. 단순히 세상을 살아가기 위해서만이 아닌, 모든 사람이 민주주의 이상을 가지고 더 나은 세상을 만들기 위해 시민의 용기를 보여주는 일이 어떤 것인지를 평가하는 데도 중요한 바탕이 된다. 비판적 사고와 기술, 제도, 공론의 장이 마련될 때 우리는 기존의 통념과 다르게 생각하고 행동하게 된다. 또 상식에 도전하고, 새로운 방식으로 탐구하며, 제자리에 머물러 있지 않고 우리의 입장을 요구할 수 있다. 말하자면 현실의 경계를 뛰어넘어 우리의 미래를 통제할 수 없게 만드는 핵무기 저장고를 치워버릴 수 있다.

일부 지식인들은 비판의 가치를 반박한다. 그들은 논쟁에 참여하지 않는다. 그들은 근거 없는 생각과 한결같은 주장으로 아무 도움이 되지 않는 기존의 입장만을 되풀이할 뿐이다. 지금은 공공의 이익을 중시하는 비판적 사상가들이 교육을 정치의 중심에 놓아둘 때다. 교육이 사회적 변화로 연결되는 곳에서 비판의 긍정적인 가치와 진실을 말할 용기를 북돋아주는 문화 캠페인을 시작할 때다. 현재 중대한 위기에 처해 있는 정치를 되돌

려놓아야 한다는 것이다.

　더 나은 미래를 위해서는 폭력의 악순환을 막기 위한 엄청난 노력을 계속해야 한다. 어떤 교육을 할지 깊이 고민하고, 청년들에게 상상력이 더 나은 세상을 만들 수 있다는 확신을 심어줌으로써 우리가 이미 만들어놓은 폭력적인 세계의 이미지를 파괴해야 한다. 이 책은 그런 길로 나아가게 해주는 멋진 발판이 되어줄 것이다.

_헨리 지루 Henry Giroux (사회비평가·교육학자)

차례

여는 글: 헨리 지루 _ 우리는 폭력에 대해 어떻게 가르쳐야 할까   005
인물 소개   012

1 **브래드 에번스**   017
   폭력에 대항하여 생각하다

2 **한나 아렌트**   029
   악의 평범성

3 **프란츠 파농**   041
   대지의 저주받은 사람들

4 **파울루 프레이리**   053
   페다고지

5 **미셸 푸코**   065
   사회를 보호해야 한다

6 **에드워드 사이드**   077
   오리엔탈리즘

7 **수전 손택**   089
   타인의 고통

8 **노엄 촘스키**   101
   여론 조작

9 **주디스 버틀러**   113
   불확실한 삶

10 **조르조 아감벤**   125
   호모 사케르

인물 소개

브래드 에번스 Brad Evans

1974~. 정치철학자 겸 비판이론가이자 폭력에 대한 문제를 전문적으로 다루는 작가다. 《뉴욕 타임스》에서 폭력의 문제를 중점적으로 다루는 오피니언 란 〈스톤〉에 칼럼을 연재하고 있으며, 《로스앤젤레스 리뷰 오브 북스》의 〈폭력〉 면 편집을 담당하고 있다. 현재 영국 브리스틀 대학교 사회정치국제학부 부교수로 정치 폭력을 연구하고 있다. 또한 폭력의 역사 프로젝트를 기획하여 연구팀을 이끌고 있다. 2015년부터 2017년까지 《뉴욕 타임스》에 폭력을 주제로 한 글을 연재했다.

한나 아렌트 Hannah Arendt

1906~1975. 독일 태생의 유대인 정치철학자. 하이데거와 야스퍼스에게 배웠으며, 나치 박해를 피해 미국으로 이주한 후 본격적으로 학술 연구에 몰두했다. 그 자신이 파시즘의 피해자였기에 평생 사회적 악행과 폭력의 본질을 밝히고자 했다. 나치 부역자였던 아이히만의 재판을 직접 목격한 후 느낀 생각을 적은 《예루살렘의 아이히만》으로 유명 인사가 되었다. 이때 제시한 개념이 평범한 사람도 열악한 조건에서는 악행을 저지를 수 있다는 '악의 평범성'이다. 《폭력의 세기》, 《전체주의의 기원》, 《인간의 조건》 등의 저서가 있다.

프란츠 파농 Frantz Fanon

1925~1961. 프랑스령 마르티니크 출신의 정신과의사이자 사회철학자. 프랑스 해군에 자원하여 북아프리카 전장에서 복무하면서 흑인에 대한 인종 차별을 목격했다. 리옹 대학교에서 의학을 공부했으며, 정신의학과 철학, 인류학 등을 폭넓게 습득했다. 알제리에서 정신과의사로 근무하면서 많은 알제리인이 프랑스의 탄압 때문에 정신 장애를 겪는 것을 발견했다. 이후 알제리의 독립운동에 몸담으면서 혁명가의 삶을 살게 된다. 《검은 피부, 하얀 가면》, 《아프리카의 혁명을 위하여》, 《대지의 저주받은 사람들》 등의 책을 썼다.

파울루 프레이리 Paulo Freire
1921~1997. 브라질의 교육자. 중산층 가정에서 태어났으나 대공황으로 가난을 겪으면서 교육에서 소외된 빈민의 문제에 관심을 갖게 되었다. 민중이 억압에서 벗어나려면 깨어 있는 교육이 필요하다고 주장했다. 주입식 교육이 아닌 문제 제기식 교육을 할 때 민중이 억압에서 벗어날 수 있다는 해방 교육으로 유명하다. 45일간의 문해 교육 프로그램을 개발하여 가난한 노동자들의 문맹 퇴치에 앞장섰다. 상파울루 교육담당관을 지냈다. 그의 대표작 《페다고지》는 민중교육학의 고전으로 꼽힌다.

미셸 푸코 Michel Foucault
1926~1984. 프랑스의 철학자이자 사회학자. 20세기 가장 영향력 있는 지성으로 꼽힌다. 고등사범학교에서 철학, 심리학, 정신병리학 등을 공부했다. 그는 정신병의 원인을 사회적 관계 속에서 찾고자 했다. 광기의 개념이 형성되고 유포된 과정을 탐구한 《광기의 역사》로 주목받는 철학자가 되었다. 지식과 권력의 관계, 권력과 형벌 제도의 역사, 섹슈얼리티의 역사를 연구하여 많은 저술을 남겼다. 1970년 이후부터 콜레주드프랑스에서 '사유 체계의 역사'라는 과목을 강의하며 수많은 담론을 이끌어갔다.

에드워드 사이드 Edward Said
1935~2003. 팔레스타인 태생의 세계적 석학이다. 1950년대 미국으로 건너가 프린스턴 대학교와 하버드 대학교에서 공부했다. '동양이 서양보다 열등하다'는 서구인의 왜곡된 동양관을 비판한 책 《오리엔탈리즘》으로 세계적 명성을 얻었다. 컬럼비아 대학 영문학 교수와 비교문학 교수를 역임했으며, 미국 학술원 회원인 문학·문명비평가로 활동했다. 이스라엘과 팔레스타인의 평화로운 공존을 위해 노력했다.

수전 손택 Susan Sontag

1933~2004. 미국의 소설가이자 수필가, 연극연출가, 영화감독, 사회운동가. 시카고 대학교에서 문학과 역사, 철학을 배웠으며 하버드 대학교에서 철학박사 학위를 받았다. 문학, 연극, 영화, 사진 등에 대한 날카로운 평론으로 명성을 얻었으며, 미국 최고의 에세이 작가로 꼽힌다. 인권과 사회 문제에 적극적으로 참여하며 거침없는 비판을 했다. 1988년 국제펜클럽 미국지부 회장으로서 서울을 방문하여 구속된 문인들의 석방을 촉구하기도 했다. 해박한 지식을 바탕으로 한 평론과 다양한 예술 활동으로 뉴욕 지성계의 여왕, 대중문화의 퍼스트레이디로 불렸다.

노엄 촘스키 Noam Chomsky

1928~. 미국의 언어학자. 유대계 러시아 이민자 가정에서 태어났다. 펜실베이니아 대학교에서 언어학, 수학, 철학을 공부했으며, 1955년 언어학 박사학위를 받았다. 매사추세츠 공과대학교 교수를 지냈으며, 현대 언어학의 혁명을 일으킨 뛰어난 언어학자이지만 우리에게는 비판적 지식인으로 더 잘 알려져 있다. 미국의 제국주의적인 정책을 비판하는 데 앞장섰으며, 정부와 기업, 언론이 유착하여 여론이 조작될 수 있음을 다룬 책 《여론 조작》에서 언론의 사회적 역할을 강조하기도 했다.

주디스 버틀러 Judith Butler

1956~. 오늘날 가장 영향력 있는 정치 이론가이자 페미니스트 이론가로 꼽힌다. 현재 캘리포니아 버클리 대학교의 수사학·비교문학과 교수다. 1984년 예일 대학교 철학과에서 프랑스 철학에서의 헤겔 해석에 관한 논문으로 박사학위 받았고, 1970년에 출간한 《젠더 트러블》로 학계의 주목을 받았다. 성소수자 권리운동을 적극적으로 지지하고 있으며, 팔레스타인·이스라엘 분쟁 같은 정치적 문제에 대해서도 목소리를 내고 있다. 국가 폭력에 대한 철학적 문제의식을 시적인 문장으로 표현함으로써 인간의 고통을 어루만지고 공감을 불러일으킨다는 평가를 받고 있다.

조르조 아감벤 Giorgio Agamben

1942~. 이탈리아의 철학자이자 미학자. 로마 대학교에서 철학을 전공했다. 프랑스 파리국제철학학교, 미국 버클리 대학교를 거쳐, 현재 베네치아 건축대학교 디자인예술학과 교수로 있다. 부시 정부의 외국인 지문 날인 조치에 항의하여 미국 방문을 거부한 일화로 유명하다. 문학과 철학, 미학을 넘나들며 활발한 저술 활동을 하고 있다. 《호모 사케르》, 《예외상태》, 《아우슈비츠의 남은 자들》 등의 저서가 있다.

일러두기

- 본문의 * 표시는 옮긴이 주입니다.
- 인명과 지명 등 외래어는 국립국어원의 표기법에 따랐으나 '손택', '노엄'처럼 용례가 굳어진 것은 널리 쓰이는 대로 적었습니다.
- 12~15쪽의 〈인물 소개〉는 원서에는 없는 내용이나 독자 이해를 돕기 위해 덧붙인 것입니다.

브래드 에번스

폭력에 대항하여 생각하다

"폭력은 현대 사회의 특징이 되었습니다. 우리가 폭력의 피해자인지 아닌지는 중요하지 않습니다."

"중요한 건 자유주의 사회에서 힘의 논리를 내세운 다양한 형태의 폭력을 예기치 않게 맞닥뜨릴 수 있다는 사실입니다."

우리의 정치적 상상력은 재앙이 벌어질지 모른다는 공포에 압도당하고 있습니다. 로스앤젤레스에서 학교에 대한 테러 위협이 가해졌을 때 경찰이 모든 학교를 폐쇄 조치한 것이 그 예입니다.

그런 일이 여러 차원에서 벌어집니다. 고국과 전쟁터, 친구와 적, 전쟁과 평화 사이의 경계가 허물어지면서 일상생활에 군대 문화가 스며들고 있는 것이 사회 전반에서 보입니다.

새로운 미디어 기술로 인해 우리는 비극적 사건을 일상적으로 접하게 되었습니다. 그리고 그 기술들은 전통적인 미디어를 몰아내고 새로운 자리를 차지하면서 뉴스 생산자와 소비자의 관계를 재정립하기도 했습니다.

주목할 만한 변화는 폭력이 인도주의를 이용하고 있다는 것입니다. 지난 세기에는 피해자들의 모습이 범죄 장면에 배제되었지만, 오늘날 IS 같은 집단들은 피해자를 한 번 쓰고 버리는 일회용 도구처럼 다루는 모습을 일부러 보여주고 있습니다.

희생자가 기자든 구조원이든 동성애자든 상관없이 IS는 인질들의 동영상을 공개하며 몸값을 요구합니다.

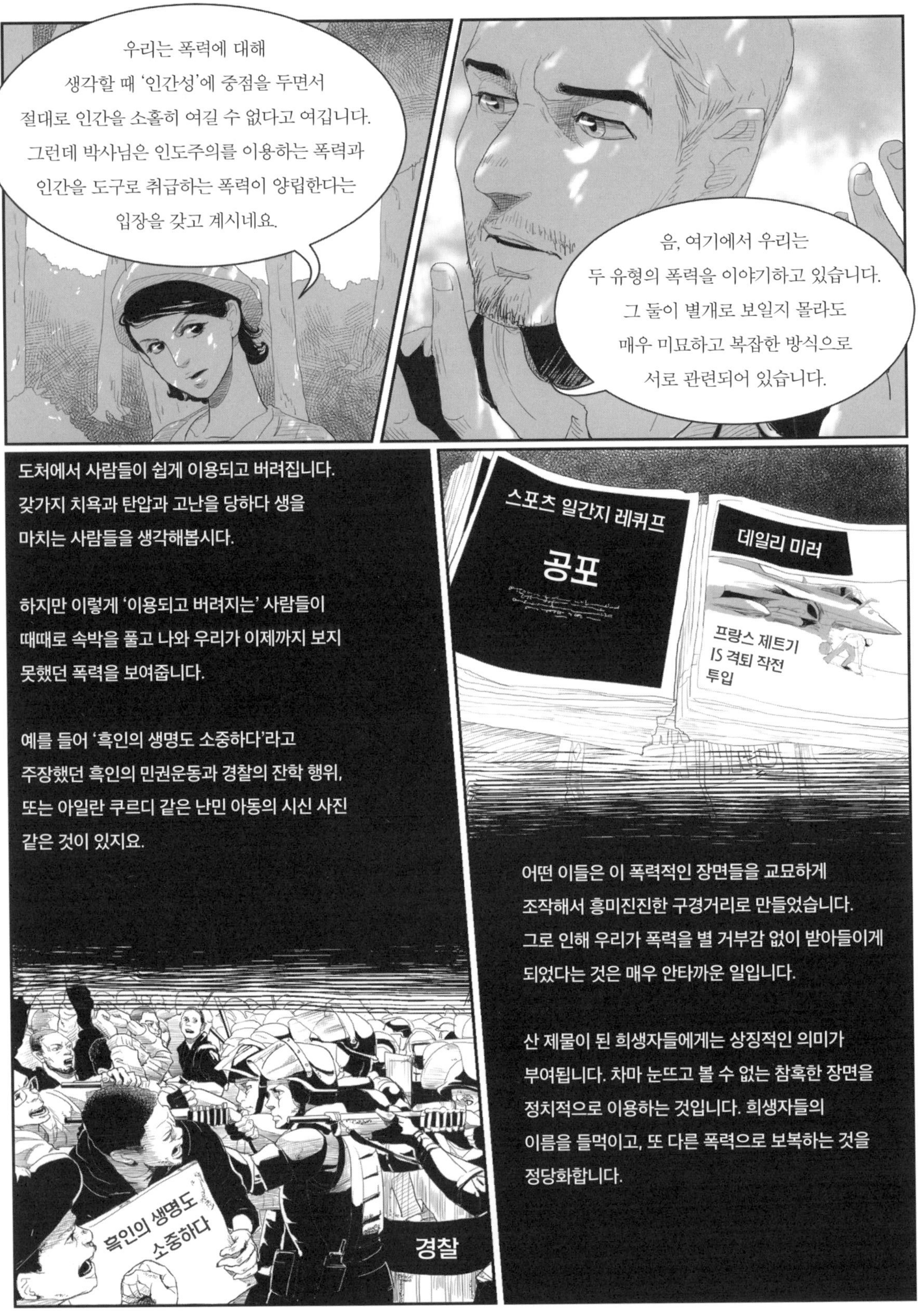

우리는 폭력에 대해 생각할 때 '인간성'에 중점을 두면서 절대로 인간을 소홀히 여길 수 없다고 여깁니다. 그런데 박사님은 인도주의를 이용하는 폭력과 인간을 도구로 취급하는 폭력이 양립한다는 입장을 갖고 계시네요.

음, 여기에서 우리는 두 유형의 폭력을 이야기하고 있습니다. 그 둘이 별개로 보일지 몰라도 매우 미묘하고 복잡한 방식으로 서로 관련되어 있습니다.

도처에서 사람들이 쉽게 이용되고 버려집니다. 갖가지 치욕과 탄압과 고난을 당하다 생을 마치는 사람들을 생각해봅시다.

하지만 이렇게 '이용되고 버려지는' 사람들이 때때로 속박을 풀고 나와 우리가 이제까지 보지 못했던 폭력을 보여줍니다.

예를 들어 '흑인의 생명도 소중하다'라고 주장했던 흑인의 민권운동과 경찰의 잔학 행위, 또는 아일란 쿠르디 같은 난민 아동의 시신 사진 같은 것이 있지요.

어떤 이들은 이 폭력적인 장면들을 교묘하게 조작해서 흥미진진한 구경거리로 만들었습니다. 그로 인해 우리가 폭력을 별 거부감 없이 받아들이게 되었다는 것은 매우 안타까운 일입니다.

산 제물이 된 희생자들에게는 상징적인 의미가 부여됩니다. 차마 눈뜨고 볼 수 없는 참혹한 장면을 정치적으로 이용하는 것입니다. 희생자들의 이름을 들먹이고, 또 다른 폭력으로 보복하는 것을 정당화합니다.

네.
오늘날 많은 사람이 전쟁과 분쟁의 피해 상황을 밝히기 위해 노력하고 있습니다.

최근에 벌어진 군사 행동의 '부수적인 피해'를 기록하고 책임을 물을 권리가 있어요.

어떤 생명도 부수적 생명이 될 순 없죠.

그리고 핑커의 방법론적 덫에 빠져서는 안 됩니다. 그의 연구는 윤리적으로나 정치적으로 비난을 받고 있습니다.

폭력을 양적으로 분석하게 되면 결국 실용적인 계산을 하게 되고, 그 결과에 따라 어떤 형태의 폭력은 정당화됩니다.

결과적으로 폭력의 인간적인 요소들, 즉 폭력의 질적인 면이 간과될 우려가 있습니다.

그런 접근법은 윤리적인 문제에 어떤 답도 줄 수 없습니다.

어느 정도의 살인을 적당하다고 할까요? 1,000명의 사망자를 감내하는 것은 타당하고, 1,001명은 너무 많다고 주장할 수 있나요? 폭력은 어떤 형태이든지 그 자체로 비난받아 마땅합니다.
정치적 잣대를 들이대지 말고 어떻게 해야 폭력의 악순환을 끊을 수 있을지를 생각해야 합니다.

자유주의로 나아갈수록 폭력이 감소한다는 핑커의 주장은 납득하기 어렵습니다. 실제로 정치적 폭력 행위가 무엇이냐를 두고 격렬한 논쟁이 벌어지고 있습니다.

최근에 있었던 미국의 총기 난사 사건은 폭력이라고 이름 붙이면 어떤 정치적 결정이 따르는지를 보여줍니다.

콜로라도 스프링스의 총기 난사 같은 일부 사건들은 총기 규제법, 정치적 성향, 종교 등에 대한 다양한 비판을 도외시하고 학살자들의 정신 건강에 초점을 맞춥니다. 반면 최근에 벌어진 샌버너디노 총기 난사 사건의 경우는 테러 용의자들을 역사적·종교적 측면에 다양하게 연결시켜서 봅니다.

우리가 '폭력'이라는 용어를 사용할 때 문제는 없나요? 폭력의 구성 요소에 대해 더 깊이 생각해봐야 하지 않을까요?

건물만 파손되었을 뿐인데 상황이 '폭력적으로 변했다'고 하는 뉴스 보도를 본 적이 있습니다. 건물이 폭력의 희생물이 될 수 있나요?

퍼거슨 사태*가 났을 때 언론은 시위가 '폭력적으로 변질되었다'고 보도했어요. 경찰이 흑인 청년을 사살했는데도 처벌받지 않은 그 상황이 이미 폭력적이라는 점은 무시되었죠.

맞습니다. 폭력은 깔끔하게 정의하기 어려운 복잡한 문제입니다.

철학자 발터 벤야민은 폭력에 대한 비평을 가장 중요한 지적 도전 중 하나라고 보았습니다.

* 2014년 미국 퍼거슨시에서 백인 경찰의 총격에 흑인 청년이 사망하여 발생한 흑인 소요 사태.

폭력에 관한 연구는 객관적이고 중립적인 방식으로 진행됩니다. 인간의 삶이 어떻게 파괴되었고, 그것이 얼마나 끔찍한 경험인지는 간과한 채로 말이지요.

어떻게 하면 폭력을 비판적으로 다루고, 폭력의 윤리적인 면을 세심하게 살피는 동시에 희생자들을 공정하게 다룰 수 있을까요?

폭력은 신체적인 공격만을 의미하지 않습니다.

심리적 학대도 폭력입니다. 전쟁의 피해 중 가장 장기적인 영향을 미치는 것이 교육을 받지 못한다는 점입니다.

사회적 경시, 예방 가능한 질병을 막지 못해 겪는 불필요한 고통, 환경 악화도 폭력입니다.

폭력의 악순환을 끊으려면 새로운 정치적·철학적 좌표와 우리에게 방향을 제시해줄 대안이 필요합니다.

* 〈지옥의 문〉은 로댕이 단테의 《신곡》'지옥' 편에서 영감을 받아 지옥에서 벌어지는 극적 장면을 묘사한 작품이다.

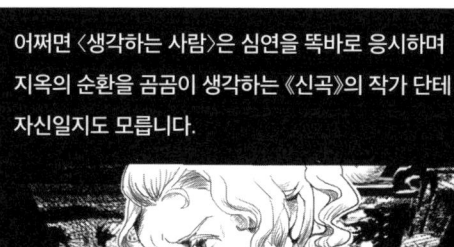

어쩌면 〈생각하는 사람〉은 심연을 똑바로 응시하며 지옥의 순환을 곰곰이 생각하는 《신곡》의 작가 단테 자신일지도 모릅니다.

이것은 억지로 폭력을 목격하게 만드는 것이 무엇을 의미하는가라는 윤리적인 문제를 제기합니다.

원래 작품에서 〈생각하는 사람〉은 '시인'입니다. 이 점은 정치의 미래를 생각해볼 때 매우 의미심장합니다.

인간은 자유롭게 생각할 수 있기 때문에 시를 통해 고통을 초월할 수 있습니다.

즉 정치를 분석적 추론을 하는 사회과학으로만 여기면 안 된다는 뜻입니다. 수 세기 동안 폭력은 정당화되고 수치화되면서 무분별하고 일상적인 것처럼 보이게 되었습니다.

정치 자체를 더 시적인 말로 생각해봅시다. 우리는 더 나은 미래와 더 나은 삶을 상상할 수 있어야 합니다.

한나 아렌트

악의 평범성

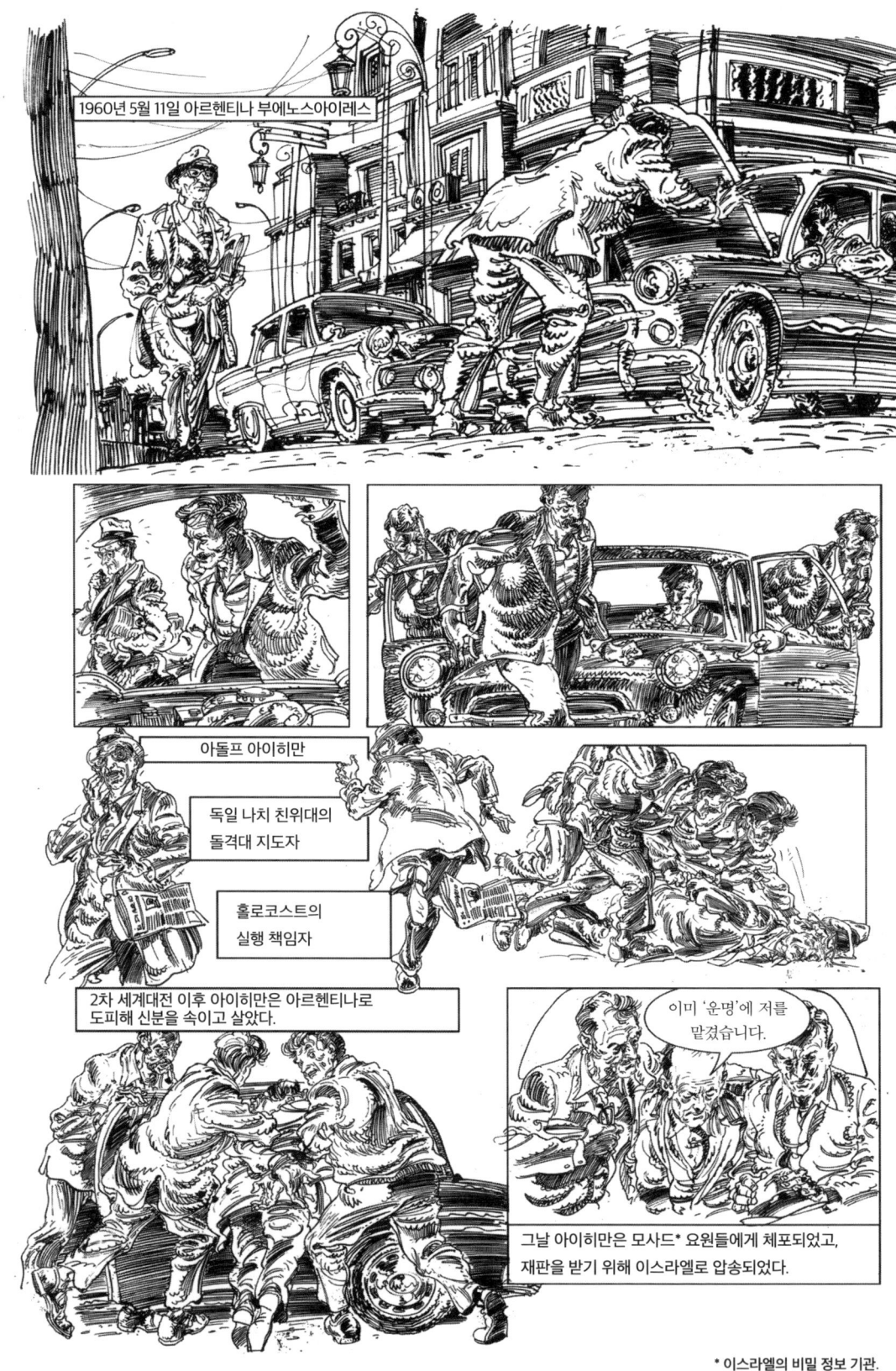

* 나치가 벌인 유대인 대학살.

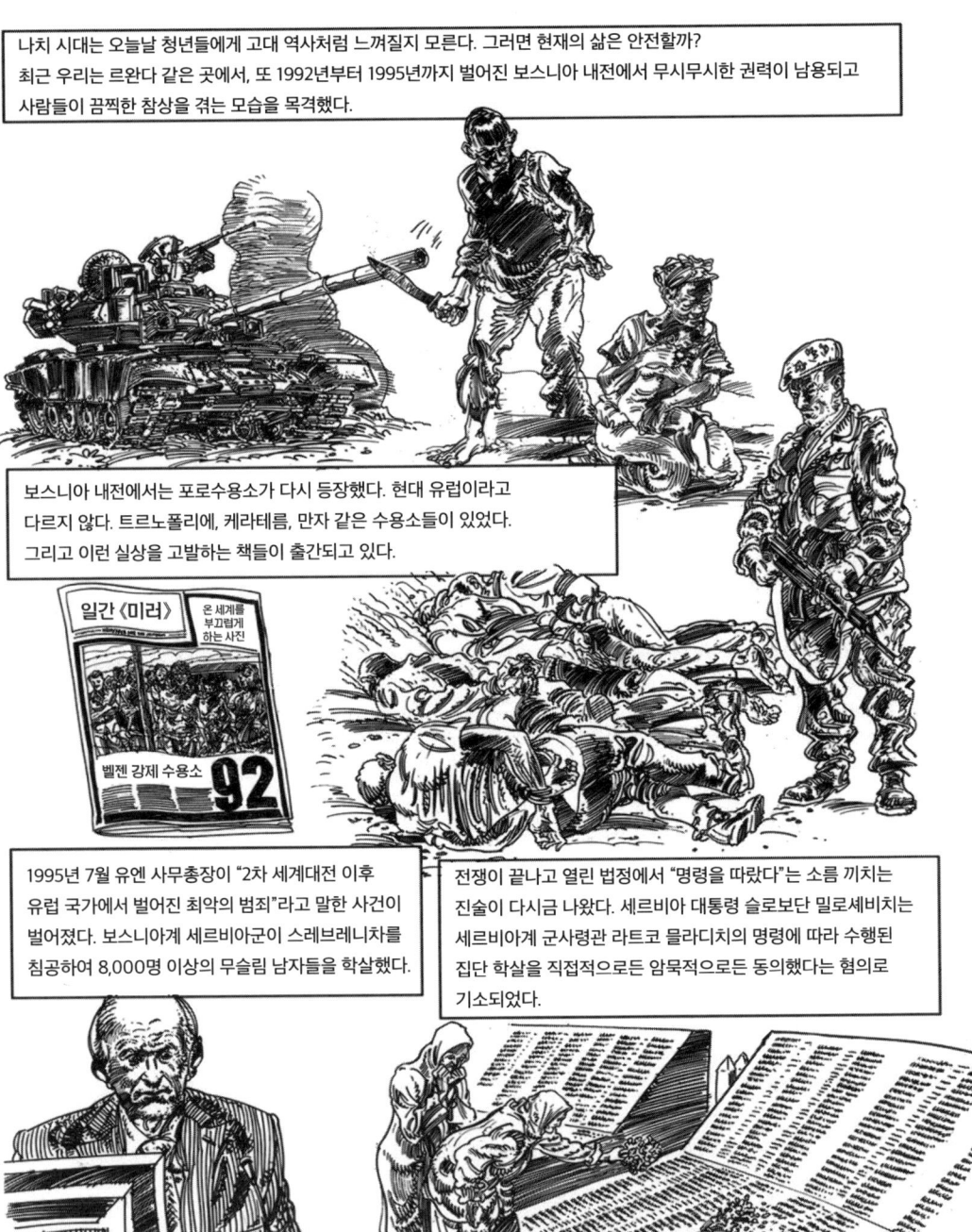

나치 시대는 오늘날 청년들에게 고대 역사처럼 느껴질지 모른다. 그러면 현재의 삶은 안전할까? 최근 우리는 르완다 같은 곳에서, 또 1992년부터 1995년까지 벌어진 보스니아 내전에서 무시무시한 권력이 남용되고 사람들이 끔찍한 참상을 겪는 모습을 목격했다.

보스니아 내전에서는 포로수용소가 다시 등장했다. 현대 유럽이라고 다르지 않다. 트르노폴리에, 케라테름, 만자 같은 수용소들이 있었다. 그리고 이런 실상을 고발하는 책들이 출간되고 있다.

1995년 7월 유엔 사무총장이 "2차 세계대전 이후 유럽 국가에서 벌어진 최악의 범죄"라고 말한 사건이 벌어졌다. 보스니아계 세르비아군이 스레브레니차를 침공하여 8,000명 이상의 무슬림 남자들을 학살했다.

전쟁이 끝나고 열린 법정에서 "명령을 따랐다"는 소름 끼치는 진술이 다시금 나왔다. 세르비아 대통령 슬로보단 밀로셰비치는 세르비아계 군사령관 라트코 믈라디치의 명령에 따라 수행된 집단 학살을 직접적으로든 암묵적으로든 동의했다는 혐의로 기소되었다.

아렌트의 통찰을 되짚어본 후 이 잔혹 행위를 곰곰이 생각해본다면, 세르비아계 군인들을 '피에 굶주린 미치광이'로 일축하기는 어렵다. 그들은 지금 여기에 있는 우리와 다름없는 평범한 사람들인 것이다!

스레브레니차 희생자 추모비

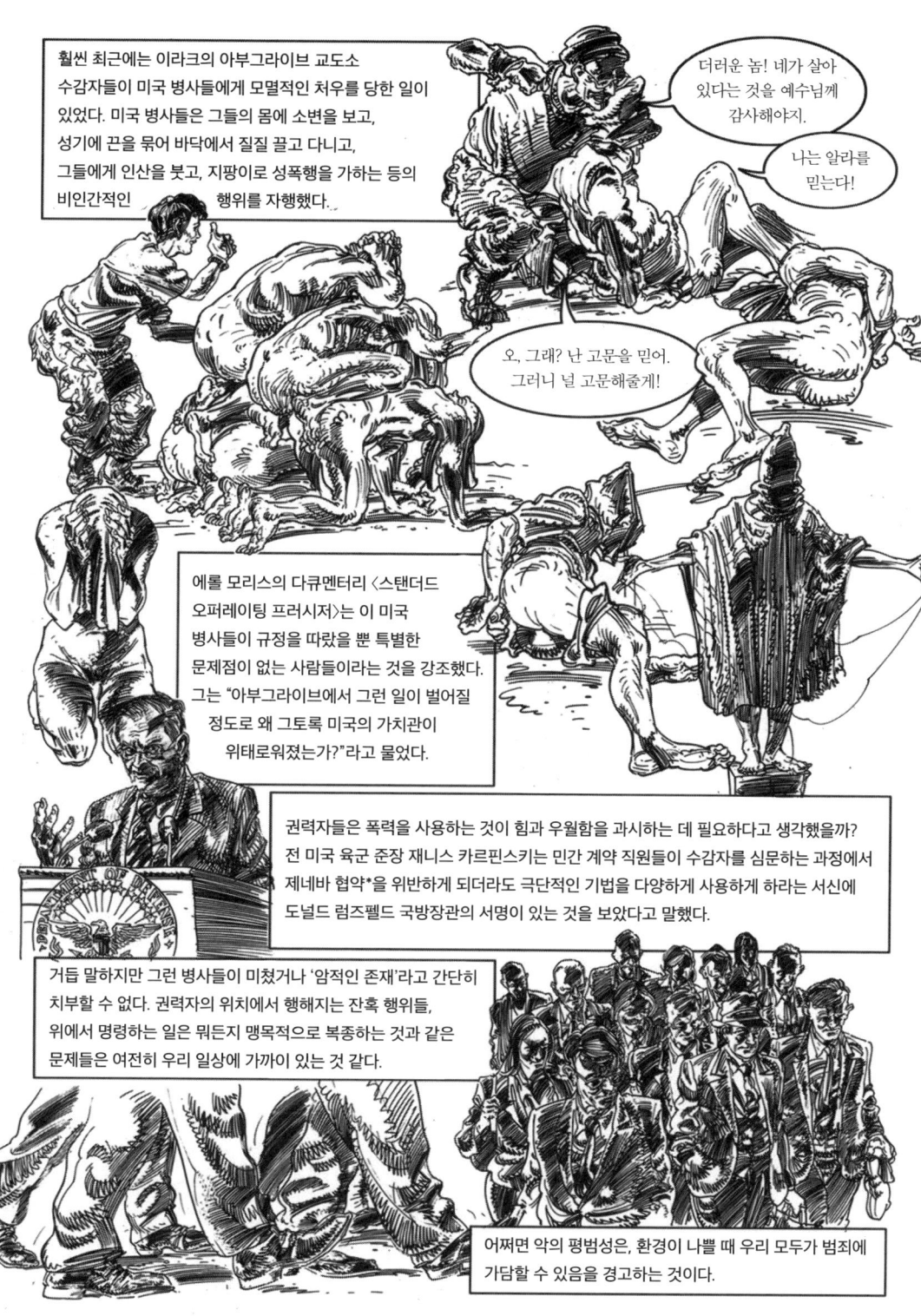

프란츠 파농

대지의 저주받은 사람들

프란츠 파농은 프랑스에서 교육받은 정신과의사이자 실존적 휴머니스트였다. 그의 저작은 포스트식민주의 연구와 아프리카 문학, 그리고 전 세계 민족해방운동에 큰 영향을 미쳤다.

파농은 1925년 카리브해의 마르티니크섬에서 태어났다. 당시 마르티니크섬은 프랑스 제국의 일부였고, 지금도 프랑스의 해외 레지옹*이다. 당시 그곳에 사는 백인 인구는 극소수에 불과했지만 높은 지위를 차지하고 대부분의 흑인을 지배했다.

2차 세계대전 당시 마르티니크섬에는 비시*의 프랑스 해군이 주둔하고 있었다. 전 세계가 전쟁으로 폐허가 되면서 중앙의 힘이 지방에까지 미치지 못했다. 이 때문에 군인들은 현지 주민들을 함부로 다루었다. 그들은 폭력을 행사하고 성추행을 했으며, 주민들을 강압적으로 대했다.

10대였던 파농은 식민지 탄압에 대해 분개했다. 그는 저항을 두려워하지 않았다.

"이제 가면을 벗고 인종 차별주의자의 민낯을 적나라하게 드러내는군!"

파농은 열아홉 살이 되자 전쟁에 참전하기로 결심했다. 친구들은 백인들의 전쟁에 나가 싸우는 것을 말렸지만 그는 진지하게 말했다.

"불의가 있는 곳, 인간의 존엄성이 공격당하는 곳, 인간의 영혼이 위협받는 곳이 있다면 나는 어디든 찾아가서 죽을 때까지 맞서 싸울 거야."

* 지방 행정 구역 단위.
* 당시 프랑스 임시정부 소재지.

파농은 자유프랑스군에 입대하여 모로코 카사블랑카로 가는 수송대에 합류했다. 이때 흑인 병사들은 노예처럼 습한 선체 안에 갇혀 있어야 했다. 이런 취급에 그는 몹시 화가 났다.

파농은 모로코, 알제리, 프랑스에서 싸우며 큰 공을 세웠다.

하지만 파농은 전쟁에서 공을 세워도 흑인 병사들은 먼 곳으로 파견되고 무시당한다고 여겼다. 그는 환멸을 느꼈다. 그런 인종 차별이 계속된다면 인간의 존엄성을 위해 싸웠던 건 도대체 무엇을 위한 것이었던가?

파농은 참전한 공로를 인정받아 학비를 면제받고 프랑스에 있는 대학에 들어갔다. 그는 리옹 대학교에서 문학, 연극, 철학을 공부했다. 그리고 1951년에 정신과 전문의 자격증을 취득했다. 그는 프랑수아 토스켈 박사의 민족정신의학의 영향을 받았다.

1952년에 파농은 첫 번째 책 《검은 피부, 하얀 가면》을 출간했다. 식민주의가 흑인들에게 미치는 해로운 영향과 인종 차별의 심리학, 식민 지배의 인간성 말살을 탐구한 책이었다.

3 프란츠 파농 _대지의 저주받은 사람들   043

1953년 그는 식민지 알제리에 있는 블리다-주앙빌 정신병원에서 높은 직위를 얻어 1957년까지 근무했다. 그는 그곳에서 인본주의적 정신의학을 도입하여 환자들에게 능동적인 활동을 독려했다. 그러나 동료들의 과도한 적대감은 계속 그를 괴롭혔다.

1954년에 알제리 독립전쟁이 발발했다. 피비린내 나는 전투가 8년 이상 계속되었다. 알제리는 우파와 좌파로 분열되었고, 게릴라 작전과 폭력적인 내분 및 고문으로 100만 명 이상의 사람이 사망했다. 프랑스인들은 인도차이나 식민지를 잃은 지 얼마 되지 않아 알제리마저 잃고 싶어 하지 않았다.

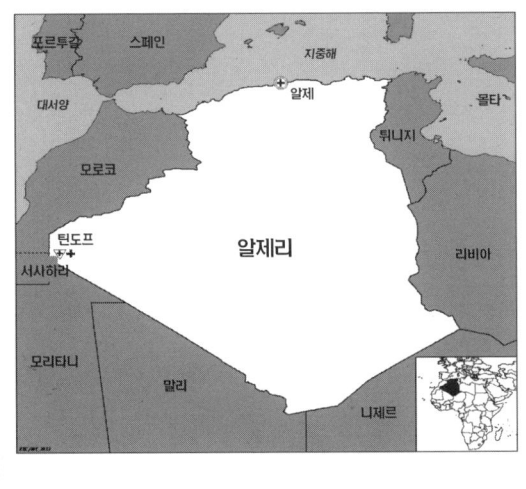

파농은 환자들의 정신병이 대부분 식민지 탄압 때문에 생겼다는 것을 알게 되었다. 고문을 당하는 사람과 고문을 가하는 사람 모두 병을 앓았다!

파농은 반란군에게 더 많은 연민을 느꼈다.

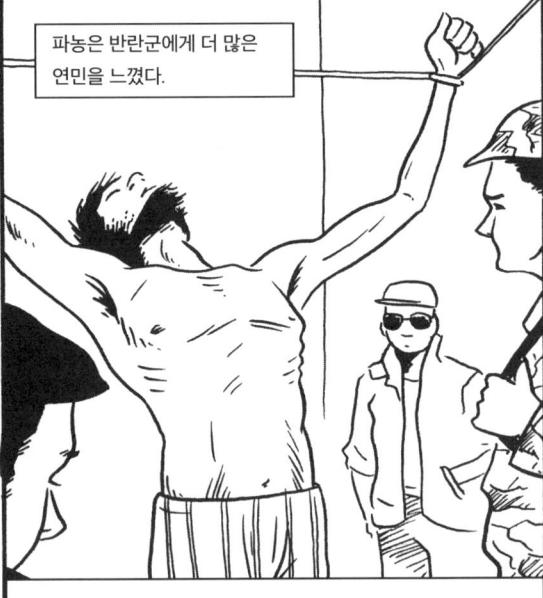

그런 생각을 정리하여 출간한 책이 《대지의 저주받은 사람들》이다. 이 책에서 파농은 식민지 정책이 개인과 국가에 미치는 탈인간적 영향에 대한 분석과 민족해방의 길을 다루었다.

서양 백인들에게 식민 지배는 우수한 서양인이 낙후된 지역들에 문명을 전해주는 것이었다.
따라서 그 과정이 강압적일지라도 기본적으로 좋은 의도이므로 정당화되었다. 현지인들은 '천진난만한 원시인'이고, 열등하지만 구제 못 할 정도가 아닌 사람들로 다루어졌다.

파농은 그런 이상적인 이미지를 현실적으로,
즉 잔혹한 이미지로 바꾼 인물이다.
그는 식민지 정책에 내재된 폭력성에 주목했다.

콩고 노동자들이 고무 채집 할당량을 채우지 못하면 벨기에 농장 주인은 벌로 그들의 손을 잘랐다.

많은 경험을 쌓고 좋은 교육을 받은 파농은 식민주의가 다른 인종을 적으로 만드는 폭력적 제도라고 생각했다.
식민주의 근간에는 서로 대립하는 두 인종 사이의 적대감이 역동적으로 작용하고 있다는 것이다.

식민주의는 폭력을 바탕으로 한 논리 체계를 만들어냈다.

> 식민지는 하나의 방대한 농장, 하나의 거대한 강제수용소나 다름없습니다. 그곳에서 유일한 법은 무력입니다.

그는 식민지 주민들을 치료하는 과정에서 그들이
신체적·정서적 폭력을 당한다는 것을 알게 되었다.
그로 인해 그들은 열등감에 빠지거나
검은 피부를 하얗게 만들고 싶어 하는 등
다양한 신경증을 보였다.

식민주의는 또한 식민지 주민들의 문화를 비하하고,
원주민을 열등한 존재로 표현하곤 했다.
멕시코의 계급 제도는 인종 간의 상하 질서를 보여준다.
맨 위에 서양의 백인이 있고, 그 아래에 아메리카
태생의 백인인 크리오요가 있으며,
맨 아래에 원주민인 인디언이 있다.
인디언 중 일부는 심지어 그 체계 바깥에 있다.

식민주의는 식민지 주민들을
손아귀에 쥐고, 그들의 머릿속에 있는
모든 형식과 내용을 없애버립니다.
그게 전부가 아닙니다.

식민주의는 이상한 논리를
내세워 탄압받는 사람들의 역사를
왜곡하고 말살합니다.

그들은 굶주림에 허덕이다 살인을
저지르고, 방세를 못 내서 쫓겨나고,
엄마들의 젖은 말라버리고,
아이들은 뼈만 앙상하게 남고, 직장은
문을 닫고, 실업자들은 까마귀처럼 농장
감독 주위를 어슬렁거립니다.

그 결과 식민지 주민들은
식민 개척자를 무자비한 적으로
인식하게 됩니다.

식민지 주민과 식민지 개척자들은 서로 폭력을 주고받는다.

"첫째가 꼴찌가 되고, 꼴찌가 첫째가 되리라."라는 성경 구절이 있다. 탄압받는 사람들은 식민지 압제자를 타도하기 위해서는 폭력이 필요하다는 것을 깨닫게 된다.

파농은 식민주의 때문에 생겨난 신경증에 대해 폭력은 일종의 '치료'와 같다고 말했다.

개인적으로 폭력은 카타르시스 효과가 있습니다. 식민지 주민들은 폭력을 통해 열등감과 수동적인 태도에서 벗어나려 합니다.

폭력은 사람을 대담하게 만들어주고 자신감을 되찾게 해주기 때문입니다.

3 프란츠 파농 _대지의 저주받은 사람들 047

《대지의 버림받은 사람들》의 1961년판 서문은 프랑스 철학자 장폴 사르트르가 썼다. 유명한 작가였으므로 책의 홍보에 도움이 되었을 테지만 파농의 메시지를 전달하는 데 오히려 혼란을 주기도 했다.

예를 들어 평론가 호미 바바는 사르트르의 서문이 억압에 대한 폭력적인 저항(1960년대 말에 공격적으로 계속된다)을 홍보하는 데 '너무' 치우친 나머지 파농에 대한 이해의 폭을 제한했다고 비판했다.

유럽인은 이 책을 펴고 안으로 깊이 들어가야 합니다. 어둠 속으로 몇 걸음 들어가면 불 주위에 모여 있는 이방인들을 만날 것입니다. 다가가 귀 기울여보세요. 당신들의 상업 중심지와 그 요지들을 방어하는 용병들의 운명에 대해 이야기하고 있으니까요.

사르트르의 서문은 파농의 의도를 벗어나 폭력을 미화하고 있습니다. 폭력의 목적이 식민지 해방이었지만, 파농은 마음속 깊이 폭력을 혐오했습니다.

하지만 사르트르의 서문을 곰곰이 생각해보면 재미있다. 그는 식민 지배를 반대하는 식민지 주민들의 폭력을 파농이 정당화하고 옹호하고 있다고 생각하며 찬양했다. 폭력이 그들의 정신 건강과 정치적 해방 모두에 필요하다고 본 것이다.

즉 식민지 주민들에게 폭력은 카타르시스와 해방운동의 도구라는 것이다.

또한 사르트르는 식민주의가 원주민뿐 아니라 프랑스, 더 나아가 영국, 미국, 스페인까지 붕괴시킬 것이라고 주장했다.

사르트르의 비평을 보면 폭력에 대한 파농의 관점이 글자 그대로 읽을 때만큼 그렇게 간단하지 않다는 것을 알 수 있다. 파농은 '카타르시스 기능을 가진 폭력'은 경고를 줄 뿐 해방을 보장해주지 않는다고 본다.
적의 문화를 폭력적으로 파괴하는 식의 폭력 남용을 경고한 것이다.

폭력을 통해 독립을 쟁취하는 과정이 타락할 수도 있다. 억압에서 벗어나기 위해 싸웠지만 결국 또 다른 권력을 만들어낼 수 있다. 식민지에서 독립한 후 혼란스러운 상황이 벌어지면, 권력을 쟁취하기 위해 폭력을 사용하는 것이 정상적인 것이 되어버리고, 비극적인 결과가 빚어진다.

파농의 주장은 바로 그 반대, 즉 '비폭력'이다. 역사적으로 폭력 정권에 맞서기 위해 '더 많은' 폭력을 사용하기보다는 더 품위 있는 해결책을 찾았던 사례들이 있다.

1950년대 미국은 버스에 흑인과 백인의 자리가 분리되어 있었다. 당시 민권운동가였던 로자 파크스는 정중하게 그러나 단호하게 다른 자리로 옮기라는 요구를 거부했다.

1989년 중국 천안문 광장에서는 탱크들이 진격하는 가운데 한 시민이 홀로 막아서서 시위를 했다.

멕시코 치아파스주에서 마야 원주민 운동을 벌여온 사파티스타 민족해방군은 이런 파농의 견해를 더 구체적으로 보여주었다.

이슬람 근본주의자들과 달리 사파티스타는 혁명이라는 목적을 달성하기 위해 상대를 자신들과 대립하는 반대파로 취급하지 않았다.

1996년 사파티스타는 라 레알리다드에서 가진 첫 기자회견에서 "우리가 꿈꾸는 세상은 적이 궤멸되어 사라진 세상이 아니다. 그 세상은 지금의 모습과 크게 다르지 않을 것이다."라고 천명했다.

그들은 대신 '다름'에 집중하면서 세상을 둘로 나누어서 보는 폭력적인 변증법을 거부했다.

"검은 복면을 하고 정체를 숨긴 채 무장한 대변자 뒤에 있는 우리는 여러분과 똑같은 평범한 사람들입니다. 우리는 모두 다를 뿐 동등합니다."

사파티스타는 마야의 과거 영광을 되찾기 위해 폭력을 정당화하지 않았다. 그래서 그들은 폭력의 악순환을 되풀이하지 않았고, 박해의 역사를 경험하면서도 용서의 힘을 보여주었다.

사파티스타 민족해방군 부사령관 마르코스

"새로운 정치가 제일 먼저 해야 할 일은 우리 모두가 다르다는 것을 인정하는 것입니다. 그런 다음 속에서 '관용'과 '포용'의 정치를 갈망합니다."

"우리는 모두 똑같이 되려고 애쓰지 않고도 공존할 수 있습니다. 우리는 서로 다른 세계가 함께 어울리는 조화로운 세상을 만들어야 합니다."

파울루 프레이리

페다고지

파울루 프레이리는 비판적 교육론의 창시자로 잘 알려져 있다. 그의 사상은 다양한 분야에서 지대한 영향을 미쳤다.

그러나 그의 사상이 갖는 정치적 중요성과 그가 사상사에서 차지하는 위치는 종종 저평가되곤 한다.

브라질의 교육자 프레이리가 쓴 책 《페다고지》는 교육에 대한 기존의 생각에 도전하는 첫 번째 교과서였다. 프란츠 파농의 《대지의 버림받은 사람들》에서 한 걸음 더 나아가 그는 식민주의의 유산을 집중적으로 다루면서 식민주의의 지적 기반에 도전해야 한다고 주장했다.

프레이리는 교육이 개혁운동의 중심이라고 생각했다. 그는 '식민지 시대 이후'의 국민은 억압의 역사를 깊이 인식하며, 식민 지배자들이 남긴 문화를 청산하고 새로운 사고 체계를 길러주는 교육을 받아야 한다고 주장했다.

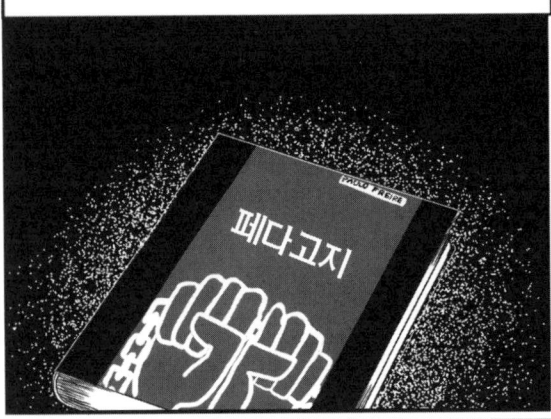

프레이리는 1921년 중산층 가정에서 태어났다. 하지만 1930년대 대공황을 맞아 그의 가족도 빈곤에 허덕이게 되었다. 그 경험은 그에게 많은 영향을 주었다.

저는 집이 매우 가난해서 모르는 것이 많았습니다. 공부에 관심이 없었던 건 아닙니다. 제가 처한 사회적 환경이 열악해서 교육을 받을 수 없었습니다.

저는 사회 계층과 지식 사이에는 상관관계가 있다는 사실을 깨달았습니다.

프레이리는 1943년 헤시피 대학교에서 법학과 철학을 공부했다. 하지만 변호사의 길을 가지 않고 중학교에서 학생들을 가르치기로 결심했다.
이후에 그는 교육을 받지 못한 가난한 사람들을 위해 헌신했다. 마르크스주의에 반식민주의 이론을 결합했고, 그 사상을 라틴아메리카의 교회가 후원하고 있는 해방운동 교육에 도입했다.

1961년 프레이리는 헤시피 대학교의 문화확장사업부 책임자가 되었다. 이때 그는 특별한 문해 교육 프로그램을 만들어 300명의 사탕수수 노동자들이 45일 만에 글을 읽고 쓸 수 있게 도와주었다.

그는 정부의 승인을 받아 많은 문화 서클 설립에 도움을 주기도 했다.

그러나 1964년에 군사 쿠데타가 일어나 그의 실험적인 교육들은 중단되었다.
그는 투옥되기까지 했다.

프레이리는 석방된 후 칠레에서 기독교민주당의 농업개혁운동에 투신했다. 1967년에는 첫 번째 책 《자유의 실천으로서의 교육》을 출간했다.

《페다고지》*가 출간되고 1년이 지난 1969년, 프레이리는 미국의 하버드 대학교에서 교환교수직을 제안받았다.

* Pedagogy of the Oppressed. '억눌린 자를 위한 교육'이라는 뜻.

교육철학과 헌신으로 그의 명성이 자자해지면서 그는 스위스 제네바에 있는 세계교회협의회의 특별교육고문으로 위촉되었다.

그 일의 일환으로 그는 많은 나라에서 대중 교육과 문맹퇴치운동을 실천했다. 그 자신이 '침묵의 문화'*라고 규정한 의식의 문맹을 몰아내기 위해서였다. 문맹퇴치는 특히 포르투갈의 식민지였던 아프리카의 기니비사우와 모잠비크에 매우 시급한 일이었다.

1980년 브라질 정부는 마침내 프레이리의 귀국을 허락했다. 브라질로 돌아온 그는 노동자당의 성인 문해 교육 프로젝트를 지휘했다. 1988년에는 성과를 인정받아 상파울루 교육담당관이 되었다.

'브라질 교육'을 위한 프레이리의 귀환!

1991년 파울루 프레이리 연구소가 상파울루에 설립되었다.

이곳에서 교육학자들과 평론가들이 모여 새로운 교육 이론을 개발하고 현실에 적용할 수 있는 구체적인 방안을 모색해야 합니다.

프레이리는 1997년에 생을 마감했다.

* 경제적·정치적으로 무력하고 소외된 사람들의 상태를 일컫는 표현.

프레이리가 말한 '비판적 교육론'이란 무엇인가? 학생들이 자신들을 지배하고 있는 신념과 행동에 의문을 제기하고 반박할 수 있도록 비판적 사고를 키워주는 것이다. 목표는 간단하지만 그런 교육은 근본적인 변화를 가져온다!

교육은 다음 세대를 현재 시스템의 논리에 순응하게 하고, 획일적인 사회를 만드는 효과적인 수단입니다.

교육의 또 다른 목적은 자유의 실천입니다. 교육은 우리로 하여금 현실을 비판적이고 창의적으로 바라보게 할 뿐만 아니라, 세상을 변화시키는 사회 참여 방법을 찾도록 도와줍니다.

프레이리는 비판적 교육론이 지배층의 엘리트, 종교적 근본주의자, 우파 정치인들에게는 위험한 생각으로 인식된다는 것을 알고 있었다. 학생들에게 통념에 대해 적극적으로 의문을 제기하고 분석하는 비판적이고 능동적인 사람이 되라고 가르치기 때문이다. 교육이야말로 가장 중요한 형태의 정치 참여라고 프레이리는 주장했다!

일부 보수 우파는 이렇게 말할지 모른다.

당신은 항상 비판적 교육론만 강조하는군. 그런 방법으로 젊은이들을 세뇌시키려는 수작이지!

아닙니다.

비판적 교육론의 목적은 좌파 청년 세대를 만드는 것이 아닙니다. 비판적인 사고 능력을 길러 스스로 생각하고 결정하도록 북돋아주는 것입니다.

왜 보수주의자들은 청년들이 죄다 좌파 사상을 선택할 것이라고 단정하는가? 그들은 자신들의 세계관에 대한 믿음이 부족한 게 아닐까. 아마도 그들은 공정한 대결을 펼칠 경우 자신들의 이데올로기가 이길 수 없다고 생각하는 것 같다!

헨리 지루는 사회비평가이자 교육학자다. 그는 프레이리로부터 지적·인격적으로 영감을 받아 비슷한 생각을 갖고 중요한 일을 이어오고 있다.

지루는 교육이 해방의 정치학에서 가장 중요하다고 주장한다. 그는 자신의 책 《사슬에 묶인 대학》에서 비판적 교육론의 여러 측면을 집중적으로 다루었고, 그것들을 대학에 적용했다.

지루는 미국의 아이젠하워 대통령이 1961년 군수산업단지에서 했던 유명한 연설의 초고에 원래 '대학'이라는 단어를 넣었다가 삭제한 사실을 상기시킨다.

지루는 9·11 테러 이후에 대학, 특히 젊은 대학생들뿐 아니라 지식인들을 비난하는 목소리가 점점 커지고 있다고 생각한다. 그들이 비난을 받는 이유는 교육의 군대화와 민영화, 사유시장화 때문이다. 오늘날 대학은 권력 남용에 대한 비판적 사고를 가르치지 않는다.

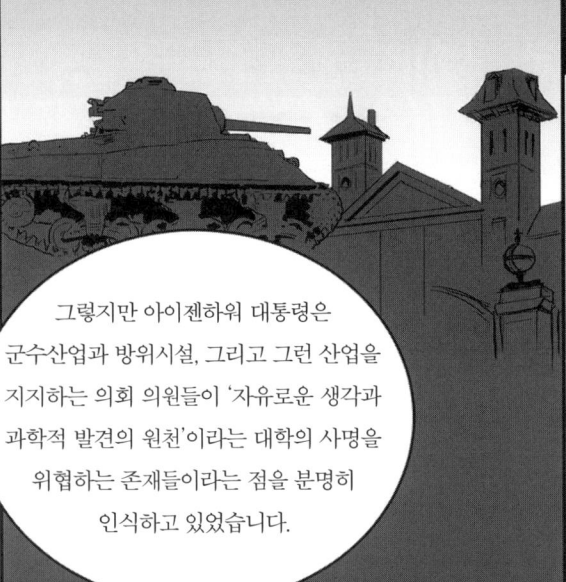

그렇지만 아이젠하워 대통령은 군수산업과 방위시설, 그리고 그런 산업을 지지하는 의회 의원들이 '자유로운 생각과 과학적 발견의 원천'이라는 대학의 사명을 위협하는 존재들이라는 점을 분명히 인식하고 있었습니다.

지배 권력은 비판적인 사고가 현재의 정치 질서를 위협한다고 생각합니다. 그 나름의 이유는 있지요!

파울루가 항상 말했듯이, 교육은 '자유의 실천'입니다. 자유를 실천하는 과정에서 우리는 세상을 변화시키는 사회 참여 방법을 배우니까요.

교육은 기본권이다

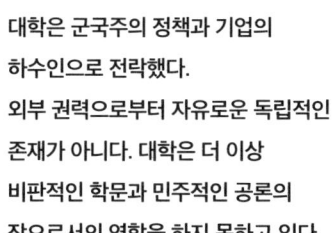

대학은 군국주의 정책과 기업의 하수인으로 전락했다. 외부 권력으로부터 자유로운 독립적인 존재가 아니다. 대학은 더 이상 비판적인 학문과 민주적인 공론의 장으로서의 역할을 하지 못하고 있다.

존 아미티지가 말했듯이, 지금의 대학은 '초현대적으로 군대화된 지식 공장'입니다.

미국에는 국방부로부터 재정 지원을 받는 수백 개의 군사 기관과 대학 부지가 있습니다.

그곳에서 청년들은 국가의 '부처와 기관들'을 위해 일할 자질을 갖추며, '전쟁 국가'의 가치관을 길러나갑니다.

차렷! 앞으로 가! 경례!

이와 같이 군과 기업이 청년들을 부당하게 이용하고 지배하고 있는데도 대학이나 사회는 문제를 제기하지 않고 있습니다.

우리는 그 문제에 관심을 가져야 합니다.

미국대학협회의 2006년 보고서는 다음과 같이 말하고 있다.
미국 기업을 위한 세계 시장을 확장하고 테러와의 전쟁에서 승리하겠다는 서로 맞물린 목표를 달성하기 위해
"국가는 청년들의 재능을 계발하고, 경제·정치·교육 시스템의 방향을 정해주어야 한다."

지루는 2013년에 출간한 《미국 교육의 맹점과 청년들과의 전쟁》에서 이 문제를 더 깊이 다루었다. 그는 우리의 교육·사회·경제 제도가 어떻게 체계적으로 청년들을 망치는지를 집중적으로 조명했다.

시장의 규제 완화

애국적·종교적 열정

저는 여기에 네 가지 근본주의가 작용하고 있다고 생각합니다.

교육의 정치적 도구화

사회의 군대화

현재의 제도는 학교에서 감옥으로 이르는 길이다. 미국 사회는 청년들과 전쟁 중이다. 학교는 학자금 대출 상환에 허덕이는 인력들을 사회에 대거 쏟아 놓는다. 청년들은 권위주의 가치에 물들었으며 일상적인 폭력에 익숙해져 있다. 누군가 그런 시장에 순응하지 않거나 신자유주의 사기꾼들의 먹잇감이 되기를 거부한다면, 거기에다 유색 인종이라면, 처벌을 받을 수 있다.

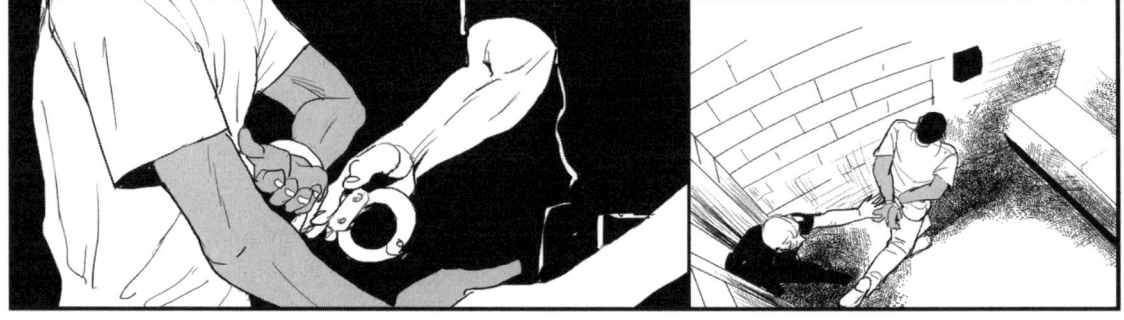

그럼에도 지루는 긍정적인 시각을 버리지 않는다. 대학이 여전히 중요한 질문을 제기하고 있고, 비판적 사고와 시민들의 참여 정신을 북돋울 수 있다고 생각하기 때문이다.

우리는 혐오스러운 근본주의의 심리적 기반을 제거해야 합니다.

우리는 신뢰, 연민, 연대, 정의를 강조하는 교육을 통해 그 목표를 이뤄낼 수 있습니다.

청년들이 앞으로 살아갈 세상은 공포, 군국주의, 자살폭탄 테러범으로 얼룩지거나 민주주의가 유명무실해진 곳이 되어선 안 된다.

그와 다른 미래를 만들어내기 위해선 폭력의 악순환을 고발하고, 진지하게 교육을 받고, 상상력을 발휘해서 전 세계 청년들에게 우리가 더 나은 세상을 만들 수 있다는 확신을 심어주는 노력을 멈추지 말아야 한다.

지루와 프레이리는 모두 근본적이고도 철저한 혁신이 필요하다고 주장한다.
교육자들은 대학 본연의 모습을 찾아야 한다. 학생들과 노동자들이 연대하여 비폭력적이고 권위주의에 저항하는 새로운 교육을 만들어내야 한다. 그런 교육이 근본에서부터 철저한 민주주의 사회 건설에 일조할 것이다.

미셸 푸코

사회를
보호해야 한다

미셸 푸코는 프랑스의 철학자, 사회학자이자 사상가다.
그는 20세기 후반의 가장 영향력 있는 사회학 이론가로 꼽힌다.
또한 인문학에서 가장 많이 언급되는 지성인 중 한 사람이다.

푸코는 프랑스 중서부 푸아티에의 부유하고 보수적인 가정에서 태어났다. 그는 아버지의 뒤를 이어 외과 전문의가 되기를 거부하고 파리에 있는 학교에 들어갔다. 그는 정서가 불안정하고 내향적인 학생이었지만 학업 성적이 뛰어나 명문 고등사범학교인 에콜 노르말 쉬페리외르에 진학할 수 있었다.

그곳에서 푸코는 실존주의, 현상학, 마르크스주의의 영향을 받았다. 그러나 나중에는 이 모든 사상을 비판했다.

그는 1949년에 심리학 학위를 받고, 1951년에 철학 학위를 받았다. 그 후 유럽의 여러 대학에서 교수로 일했다.

그는 자신이 동성애자라는 사실을 감추지 않았다. 오랫동안 연인 관계를 유지했던 다니엘 드프레의 정치적 활동은 푸코에게 큰 영향을 주었다. 푸코는 파리에서 교수로 재직하는 동안 1960년대 말 학생운동에 적극적으로 참여했다.

1970년에 그는 명망 높은 교육기관인 콜레주드프랑스에서 '사유체계의 역사'를 강의하는 교수로 선출되었다. 수많은 사람이 그의 강의를 듣기 위해 몰려들었고, 지식인들에게 가장 인기 있는 강의로 인정받았다.

생각이 생각 자체에 집중하는 비판적인 작업이 아니라면 오늘날 철학이란, 다시 말해서 철학적 활동이란 무엇일까요?

푸코의 저작은 철학적 지향이 뚜렷한 역사 연구이기도 했다. 푸코는 권력과 지식의 관계에 관심을 가졌고 동성애자, 수감자 같은 소수자에게도 주목했다.

인문학의 기원을 고찰한 《말과 사물》을 비롯해 푸코가 쓴 책들은 세상에 큰 영향을 미쳤다.

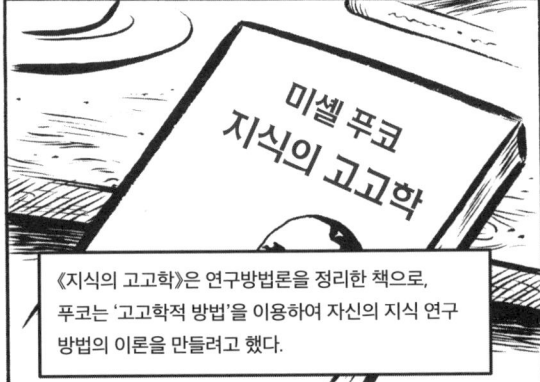

《지식의 고고학》은 연구방법론을 정리한 책으로, 푸코는 '고고학적 방법'을 이용하여 자신의 지식 연구 방법의 이론을 만들려고 했다.

1976년 1월부터 3월 사이에 푸코는 〈사회를 보호해야 한다〉라는 제목으로 일련의 강의를 했다. 이 강의록들은 20여 년 후에 번역, 출간되어 많은 사람에게 영향을 주었다.

푸코는 17세기에 전쟁에 대한 개념이 달라졌다고 보았다. 전쟁은 모든 권력 제도의 영원한 기반이 되었고, 사회 내 보이지 않게 존재하지만, 우리는 역사적 분석을 통해 그 존재를 인식할 수 있다는 것이다.

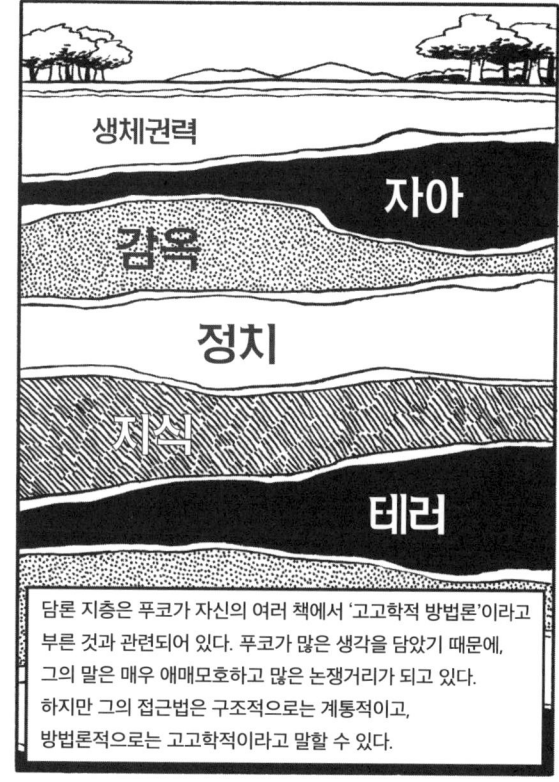

* 《플레이보이》에 실린 남성 구두 광고.

푸코의 저작이 폭력의 문제를 날카롭게 다뤘다는 사실은 최근에 다시 언급되고 있다. 마이클 하트, 안토니오 네그리, 조르조 아감벤 등이 푸코의 사상을 안보, 전쟁, 폭력의 영역에 적용했다. 권력의 문제를 생체정치학적으로 접근하면, 다른 '이해 가능성의 격자'가 생겨나 권력이 통설처럼 그렇게 편안하게 느껴지지 않는다.

여기에서 푸코는 국가가 정치권력을 통해 국민을 통제하는 방법에 관심을 가진다.

근대 민족국가와 자본주의에 내재된 특징

제가 말하는 생체권력이란 인간의 생물학적 조건을 정치 전략의 목표, 권력의 일반적인 전략 목표로 삼아 통제하는 일련의 메커니즘을 의미합니다.

푸코는 〈사회를 보호해야 한다〉라는 강의에서, 19세기 초 프로이센의 군인 카를 폰 클라우제비츠의 유명한 격언을 언급한다.

전쟁은 다른 수단들을 이용한 정치의 연장선이다.

푸코는 이 말을 바꿔서 "정치는 다른 수단을 이용한 전쟁의 연장선이다."라고 말한다.

그러므로 전쟁은 정치의 영원한 특징이고, 정치적 지배의 정당성을 주장하는 사상은 정치적 전쟁, 특히 기득권층과 소외 계층 사이의 전쟁을 감추려는 계략이다.

이 관점은 개인의 권리에 대한 개념이나 사회 계약을 통한 안보가 문화 형성에 중요한 역할을 한다는 국가 주권·법적 모델을 비판한다.

푸코는 이렇게 말한다.

왕의 머리를 잘라야 합니다!

5 미셸 푸코_사회를 보호해야 한다   073

제가 말하는 '죽인다'라는 것은 단순한 살인뿐 아니라 모든 형태의 간접적인 살해를 포함합니다.

누군가를 죽음에 이르게 하거나, 어떤 사람에게 생명의 위협을 가한다거나, 아니면 간단하게 정치적 사망에 이르게 하고, 제명하고, 배제하는 것 등이 있습니다.

심리학자 스티븐 핑커 같은 유명 인사들은 자유민주주의가 성숙할수록 사람들은 전쟁을 좋아하지 않으며, 자유주의와 평화는 함께 가는 것이라고 말한다. 그러나 푸코주의자의 눈으로 보면, 그런 생각은 자유주의와 폭력 사이의 역사적 관계를 오해하는 것이며 생체정치학을 무시하는 것이다.

영국의 정치철학자 존 그레이는 이렇게 말한다.

권력을 합리적으로 사용할 때 새로운 세상을 만들 수 있다는 생각은 근대적이고 고무적입니다. 급진적인 계몽사상이라고 할 수 있지요.

이런 전통을 경시하는 것은 계몽주의의 핵심을 오로지 합리성을 추구하는 것으로 생각하는 자유주의적 휴머니스트에게는 상당히 중요합니다.

실제로 저명한 계몽사상가들은 사회 변혁의 도구로 폭력을 선호했습니다.

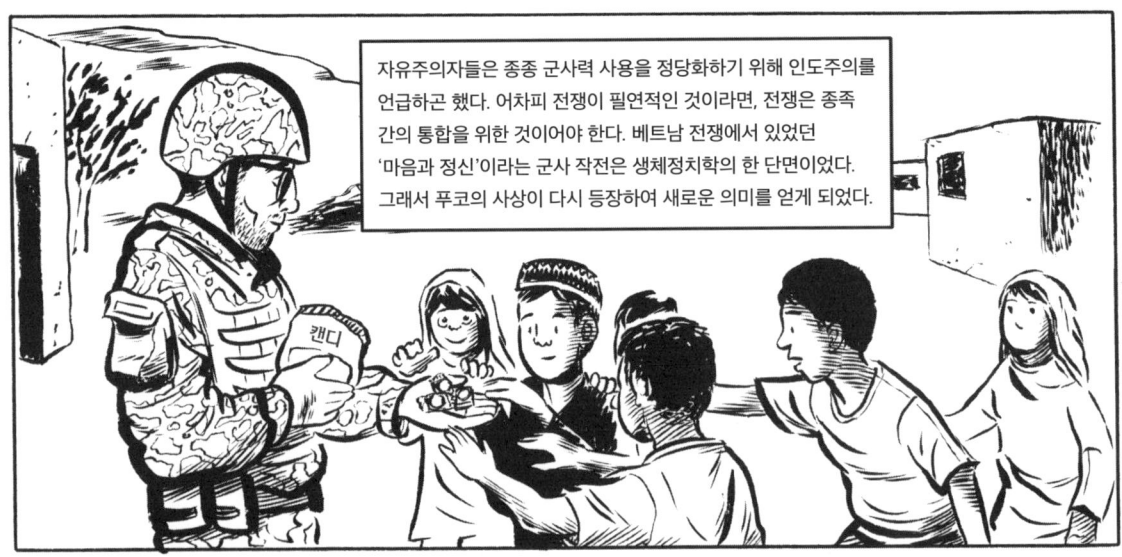

자유주의자들은 종종 군사력 사용을 정당화하기 위해 인도주의를 언급하곤 했다. 어차피 전쟁이 필연적인 것이라면, 전쟁은 종족 간의 통합을 위한 것이어야 한다. 베트남 전쟁에서 있었던 '마음과 정신'이라는 군사 작전은 생체정치학의 한 단면이었다. 그래서 푸코의 사상이 다시 등장하여 새로운 의미를 얻게 되었다.

그래서 겉으로는 내분처럼 보이는 세계 전쟁이 벌어질 때 적을 격파하지 말고 그저 방어만 계속하라고 할 수는 없다.

자유민주주의 세력은 테러에서부터 날씨에 이르기까지 온갖 위협에 대해 공포심을 조장하며 지배 논리를 형성한다. 참사를 이용한 정치는 현대의 정치적 담론과 관행의 중요한 특징이 되었다. 그 결과 테러는 일상적인 일로 느껴지게 되었고, 미래에 폭력이 벌어질 가능성은 항상 존재한다.

특히 미국에서는 외부의 적을 향하던 무기들이 다른 쪽을 겨누게 되었다. 이제 그 무기들은 위협적이라고 판단되는 국내의 적들에게 공공연하게 사용되고 있다.

경찰은 점점 무장하고 있다. 그에 따라 저항 세력을 죽이는 일은 일상이 되고 국내 정책의 한 부분이 되었다.

식민지 건설은 유럽식 모델을 다른 대륙들에 전달한 반면, 서양의 권력 메커니즘에 심각한 부메랑 효과를 가져오기도 했습니다.

서양 국가들이 식민지에서 했던 일들이 이제 서양에서 벌어지고 있습니다.

스스로에게 말이지요.

5 미셸 푸코 _ 사회를 보호해야 한다

에드워드 사이드

오리엔탈리즘

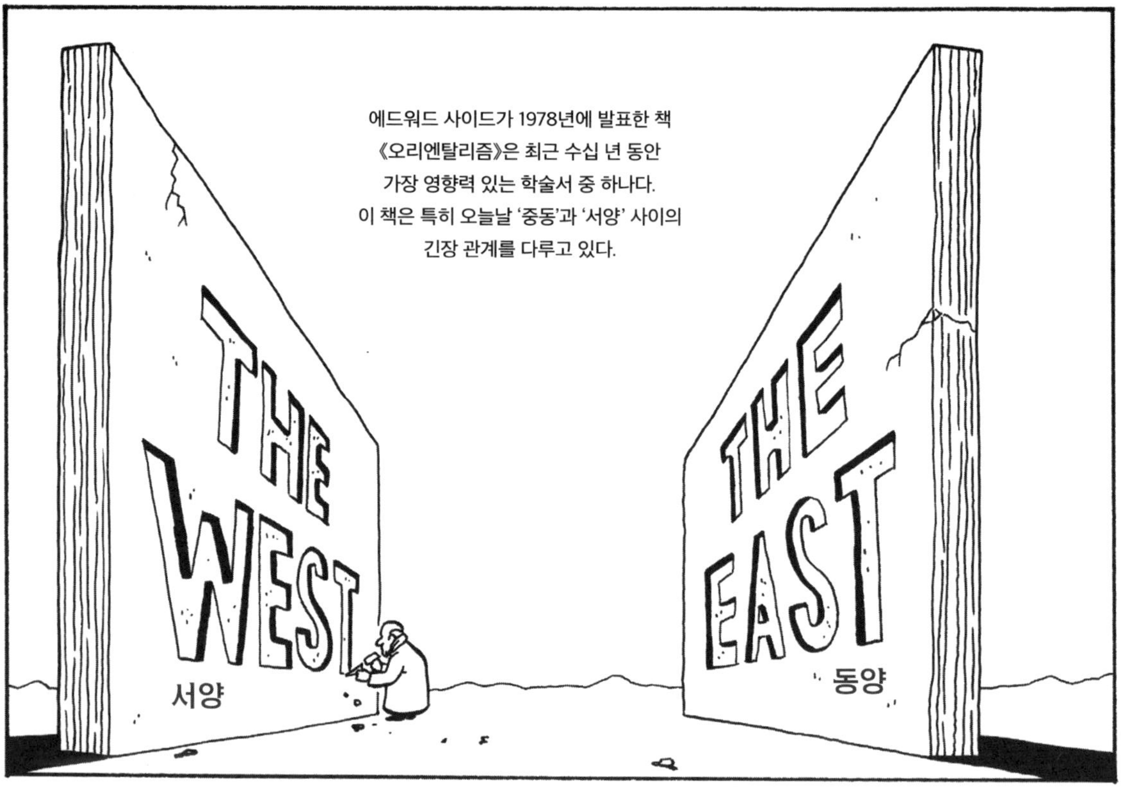

에드워드 사이드가 1978년에 발표한 책 《오리엔탈리즘》은 최근 수십 년 동안 가장 영향력 있는 학술서 중 하나다. 이 책은 특히 오늘날 '중동'과 '서양' 사이의 긴장 관계를 다루고 있다.

사이드는 《오리엔탈리즘》에서 아시아, 북아프리카, 중동 사회 및 그 지역 사람들에 대한 서양인의 왜곡된 인식과 편견을 비판했다.

오리엔탈리즘은 동양인과 동양 문화를 서구의 시각으로 상상하고, 과장하고, 왜곡해서 바라보는 방식입니다. 그 결과 동양의 문화를 이국적이고 낙후되고 매혹적이고 위험한 것으로 바라보는 시각이 생겨났습니다.

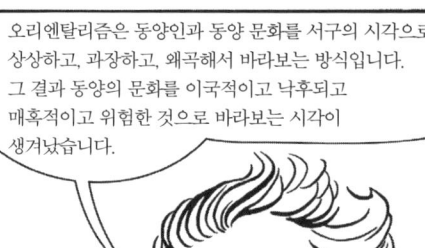

사이드에 따르면, 오리엔탈리즘의 기원은 유럽의 계몽운동과 식민지 건설 시대로 거슬러 올라간다. 오리엔탈리즘은 동양이 서양과 '다르다'고 보는 것이 아니라 동양이 서양보다 열등하다고 생각하는 것이다. 따라서 서양의 '구제'가 필요하다고 말이다.

사이드는 신성동맹(유럽 국가의 동맹)의 기독교 함대와 무슬림 오스만 제국의 함대 사이에 있었던 레판토 해전을 중요하게 언급한다. 레판토 해전은 1571년 10월에 그리스 서쪽 코린토스만의 북쪽 끝에서 일어났다. 레판토 해전에서 오스만 제국은 압도적인 패배를 당했다.

그 전쟁을 두고 일부 사람들은 '동양의 위협'이 끝나고 '서양'이 더 강한 권력의 중심으로 등장하는 것을 알린 가장 중요한 전쟁의 하나라고 말한다.

스페인 소설가 미겔 데 세르반테스는 그 전쟁에 참전해서 큰 부상을 입었다. 그의 소설 《돈키호테》는 서양의 합리주의와 이성에 대한 저항으로 해석되곤 한다.

그 전쟁은 당시 종교적인 표현을 빌리자면, 기독교인의 믿음을 공고히 하고 일부 이슬람교도의 신앙을 무너뜨리려는 하느님의 뜻에 따라 일어난 것이었다.

"제국의 함대는 사악한 이교도들의 함대를 만났습니다. 그래서 하느님의 뜻은 다른 방향으로 바뀌었습니다."

사이드는 1798년 나폴레옹의 이집트 침공을 계기로 오리엔탈리즘이 확산되었다고 지적한다.

나폴레옹은 고대 문서에나 나오는 상상과 신화의 영역에 속하는 것들을 직접 경험해보기 위해 이집트 원정을 계획했습니다.

나폴레옹은 고대 문서와 오리엔탈리스트*들이 설명했던 '신비한 동양'을 보았습니다. 그리고 눈앞에 펼쳐진 실제의 동양을 오리엔탈리스트의 시각으로 이해했습니다.

나폴레옹의 군사사절단은 몇 년 만에 철수했지만 동양에 대한 근대인들의 경험을 서양에 가져오게 되었다. 즉, 유럽 식민지에서 형성된 오리엔탈리즘을 전파한 것이다. 학자들로 구성된 이집트협회 같은 조사단이 동양을 연구하고 《나폴레옹 이집트지》 같은 과학물 시리즈를 출간해 보급했기 때문이다.

1906년 마르세유 식민지 전람회

* 동양에 대해 가르치거나, 쓰거나, 연구하는 사람.

사이드는 이집트 원정에 여러 가지 정치 활동이
포함되어 있었다고 언급했다. 이를테면 이런 활동이다.
동양에 서양의 근대를 가르치는 것, 야만적인 동양을 재건하여
고대의 위대한 영광을 되찾게 해주겠다고 하는 것,

원주민의 의견은 듣지도 않은 채 식민 지배 기간 동안
'배움'을 통해 지식을 습득하는 데 집중하게 만들어
군사력을 덜 중요하게 보이게 만드는 것,

동양을 설명하는 것, 동양에 본연의 모습과 정체성을 부여하고
동양을 정의하는 것, 유럽인은 동양의 역사와 시간과 지리를
내려다보며 지휘하는 존재라고 느끼게 하는 것, 동양인은 결코
유럽인의 권력에 저항하지 못할 것이라는 이유로 동양을 지배하는
것(또는 지배하고 있다고 생각하는 것).

사이드에 따르면, 오리엔탈리즘은 '민중'의 관점에서 역사와 식민주의의 폭력을 읽는 새로운 방법을 제시한다. 오리엔탈리즘은 인간의 위계를 구분한다. 물론 유럽의 백인 기독교도가 제일 상위에 위치한다. '야만인(죽여도 되는 사람)'과 '천진난만한 미개인' 사이에는 분명한 차이가 있다. 천진난만한 미개인은 구원받을 수 있다. 즉 편입이라는 올바른 방법을 통해 그들은 백인처럼 될 수 있는 것이다. 따라서 그들은 '과학적 교육'을 받으면 백인 사회에 소속되고 지배 질서에 편입되지만, 나머지 사람들은 미개하거나 야만적이거나 지능이 낮은 것으로 간주되었다.

18세기 말 이그나시오 마리아 바레다가 그린 멕시코 계급 제도

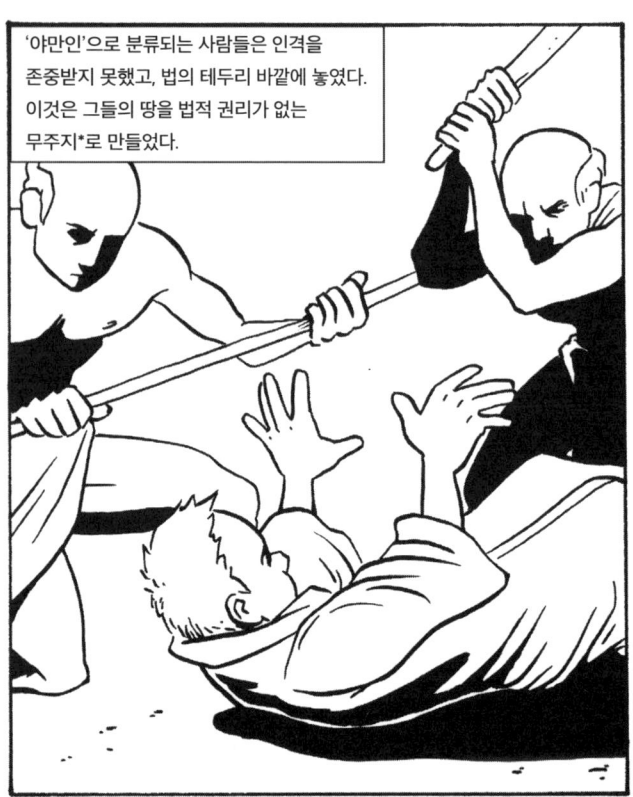

* terra nullius. '주인 없는 땅'이라는 뜻.

21세기에 이슬람 세계로 관심의 초점이 옮겨가는 것을 감안하면 오리엔탈리즘에 대해 다시 생각하는 것은 매우 중요하다.
그러나 당연히 현재 '제국'에 대해 이야기하는 서양 권력은 없다.
대신 그들은 '민주주의와 자유를 전파한다'고 말한다.
캐나다의 사학자이자 정치인인 마이클 이그나티에프는
이것을 '가벼움의 제국'*이라고 부른다.

우리는 제국주의 국가들로부터 벗어나겠다!

하지만 제국주의 국가들은 이렇게 말했습니다. 자국은 특수한 상황에 있으므로 여타 제국들과 다르며, 질서와 민주주의를 세울 임무가 있고, 무력은 마지막 수단으로 이용한다는 것이지요.

중동

최근의 군사 작전이 가져온 파괴, 고통, 죽음이 눈앞에 보이는데도 마치 그 증거를 보고도 믿지 말라는 것처럼, 언론은 '진보'와 '문화적 사명'이라는 높은 이상을 자랑스럽게 알리고 있다.

내부와 외부의 위협에 대한 언론 보도를 따라가다 보면 그런 위협들이 문화적 정체성, 안보, '문명의 충돌', 경제, 이민, 폭력의 정당화, 외교 정책 등의 사안과 관련된 사회적 갈등으로 여겨질 수 있다.
그리고 이 모든 것에 오리엔탈리스트의 사고가 상당히 큰 영향을 미치곤 한다.

범죄는 불법이다

* empire lite. 자유와 민주주의를 내세우며 막강한 군사력을 행사하는 미국을 두고 한 말이다.

오늘날 서양의 지도자들이 기존 오리엔탈리스트의 신조, 상투적인 생각, 고정관념에 따라 춤추는 방식(그리고 권력과 폭력에 대해 같은 방식으로 정당화하는 것)은 제국주의가 정말로 끝났는지, 아니면 2세기 전 나폴레옹이 이집트를 침략한 이래 제국주의가 동양에서 계속되고 있는지에 대한 질문을 던진다.

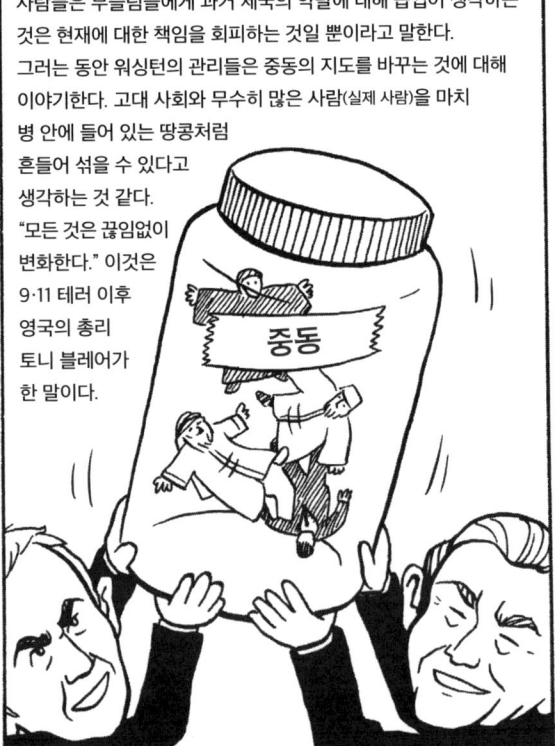

사이드는 오늘날 우리는 서로 복잡하게 얽혀 있는 세계에서 살고 있다고 말하면서, 앞으로 나아갈 길을 제안한다.

다른 시간과 문화를 소외시키고 적대시하기보다는, 외국의 '다른 사람들'을 적극적으로 포용하는 휴머니즘이 필요합니다.

휴머니즘이란 윌리엄 블레이크의 시에 나오는 '마음이 만든 수갑 소리'를 풀어내려는 시도라고 생각합니다. 사려 깊은 이해를 위해 인간의 지성을 역사적, 합리적으로 이용하려면 그런 시도가 필요하지요.

모든 사람의 아우성에서,
모든 아기의 두려움에 찬 울부짖음에서,
모든 목소리에서, 모든 저주에서,
마음이 만든 수갑 소리가 들리네.

문명의 충돌을 일으키기보다는 서로 주고받은 공통의 문화들을 함께 일구며 더불어 살아야 합니다. 그런 넓은 시각을 갖기 위해서는 시간과 인내와 회의적인 성찰이 필요합니다. 즉각적인 행동과 대응이 아닙니다.

휴머니즘은 인간의 개성과 주관적인 직관을 중시합니다. 무비판적인 생각과 권위주의에 휴머니즘이 들어설 자리는 없습니다. 휴머니즘은 인간의 역사를 망가뜨리는 잔혹한 관습과 불의에 맞서 우리가 할 수 있는 마지막 저항입니다.

수전 손택

타인의 고통

《타인의 고통》은 수전 손택이 마지막으로 쓴 책이다. 수전은 출간 1년 후인 2004년에 생을 마감했다.

《타인의 고통》

아픔, 괴로움…

낯선 사람의 것이든, 친밀한 사람의 것이든

우리는 타인의 고통을 어떤 마음으로 바라보는가?

다른 사람의 고통이 우리에게 어떻게 다가오는가? 그 고통이 우리에게 어떤 영향을 줄까?

손택은 이 책에서 전쟁 보도 사진에 특별히 관심을 표한다. 그렇지만 이 책에는 사진이 한 장도 없다. 손택은 한 장의 사진을 통해 전쟁이 어떻게 인식되고, 전쟁의 이미지가 어떻게 제멋대로 해석되고 조작되는지를 탐구했다.

사람들은 끔찍한 전쟁 장면을 보면 정말 전쟁을 혐오하게 되는가? 손택은 이런 일반적인 생각을 부정한다.

현대에는, 어쩌면 미국 남북전쟁 이후 전쟁 사진을 통해, 참상과 잔혹 행위와 극악무도한 폭력이 세상 곳곳에서 벌어지고 있다는 사실을 (어느 정도 거리를 두고) 쉽게, 그리고 자주 접하게 되었다.

손택은 《타인의 고통》의 첫 장을 버지니아 울프가 《3기니》에서 던졌던 세 가지 질문 중 하나로 시작한다.

《3기니》에 따르면, 파시스트와 무정부주의자들이 스페인에서 싸우고 있을 때, 전쟁 방지를 위해 할 수 있는 일을 묻는 변호사에게 울프는 "우리는 결코 진실한 대화를 나눌 수 없을 것입니다."라고 대답했다. 그들은 같은 계급에 속하지만, 울프는 여성이고 그 변호사는 남성이기 때문이다.

전쟁을 막기 위해 무엇을 해야 한다고 생각하십니까?

남자들은 대부분 전쟁을 좋아합니다. '싸움에서 이기면 큰 기쁨과 만족'을 느끼지요. 하지만 여자들은 그런 감정을 느끼지도 않고 즐기지도 않아요.

하지만 울프는 스페인 내전의 참혹한 사진들을 자세히 들여다보며 같은 감정을 나누는 '우리'가 있을 수 있다고 생각한다.

이 사진들은 우리 모두에게 같은 감정을 느끼게 합니다. 한 사람이 공포와 혐오감이라고 말한 그 감정을 우리 모두 공포와 혐오감이라고 말합니다.

타인의 고통을 목격할 때 당연히 '우리' 모두가 같은 감정을 느끼리라고 생각해선 안 됩니다.

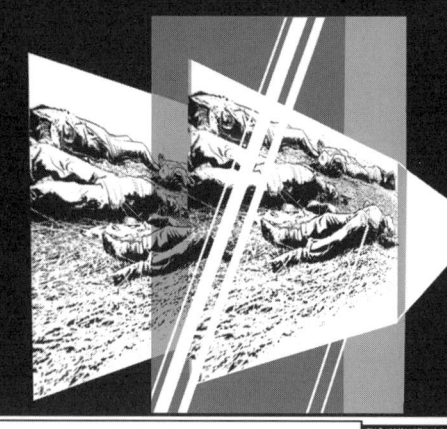

먼 곳에서 벌어지는 공포스러운 일의 영상들을 자주 접하다 보면 직접 경험하는 재난이 기이하게도 사진처럼 느껴질 수 있다. 수십 년 후에 그 사건은 할리우드에서 거액의 제작비를 들여 재난 영화로 만들어지기도 한다.

2001년 9월 11일 뉴욕에 있는 세계무역센터가 테러 공격을 받았을 때 사람들은 이런 반응을 보였다.

믿을 수 없어!

영화의 한 장면 같아.

손택은 오늘날 우리가 텔레비전, 스트리밍 비디오, 유튜브 등 끊임없이 생산되는 이미지들에 둘러싸여 있다고 말한다.

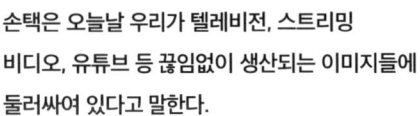

기억의 정지 화면. 그것의 기본 단위는 단일 이미지입니다. 사진은 인용구나 속담 같아요.

하지만 인간의 기억에는 사진이 더 깊은 상처를 남깁니다.

울프가 살던 시대에는 그런 사진들이 지금처럼 흔하지 않았다. 그래서 그 사진들은 소수의 사람만 볼 수 있었다. 오늘날 정보 과잉의 시대에도 사진은 여전히 무언가를 이해하고 복잡한 사건을 단순한 형태로 기억할 수 있게 해준다.

손택은 사람들이 고통받는 이미지에 끌리며 성적 쾌감을 느낀다고 주장한다.

사람들은 나체 사진을 보고 싶어 하는 것만큼이나 살을 도려내는 듯한 고통을 당하는 신체 사진을 너무나도 보고 싶어 합니다.

손택은 프랑스의 소설가이자 사상가인 조르주 바타유가 눈을 떼지 못했던 사진을 설명한다. 1905년 중국에서 천천히 사람을 토막 내 가죽을 벗기는 장면이 담긴 사진이었다. 피해자는 시선을 돌려 다른 데를 보며 미소를 짓고 있는 것처럼 보인다. 초자연의 황홀경을 느끼는 것 같다.

이 사진을 오래 바라보면 고통의 감정들이 극복되는 동시에 성적 금기에서 자유로워진다. 이는 많은 사람이 매우 불편하게 느끼는 복잡한 반응이다. 대부분의 사람이 보기에 이 사진은 차마 눈뜨고 볼 수 없는 것이다. 마지막 단계에서, 이미 몇 번의 칼질로 팔이 잘려나간 피해자와, 위를 쳐다보는 얼굴에 번진 황홀한 듯한 표정은 이탈리아 르네상스 시대의 순교자 성 세바스티앵의 표정과 비슷하다. 끔찍한 사진을 보며 깊이 사색하게 되면, 여러 가지 다양한 반응이 일어난다. 마음을 독하게 먹고 약해지지 않는 것, 무감각해져서 망연자실해지는 것, 구제받을 수 없는 사람들의 존재를 인정하는 것.

정부는 과거의 사진만이 아니라 현재에 벌어지고 있는 폭력을 담은 사진들도 차단하고 왜곡한다. 자신들의 목적에 맞는 메시지를 전달하기 위해서다. 1982년 4월 포클랜드 전쟁이 일어났을 때 영국의 마거릿 대처 정부는 두 명의 보도사진 작가에게만 접근을 허용했다.

5월에 영국이 포클랜드섬을 탈환하기 전 필름 세 묶음만이 런던에 도착했다. 직접적인 텔레비전 방송은 허용되지 않았다. 크림 전쟁 이래로 영국이 군사 행동을 보도할 때 지금껏 그렇게 극단적인 규제를 가한 적은 없었다.

손택은 어떤 역사적 사건의 이미지를 보여주는 사진이 아닌, 역사에 대한 보편적인 이해가 필요하다는 결론을 내린다.

9·11 테러 이후 '테러와의 전쟁'이 보여주는 모습은 미국 정부가 폭력의 이미지를 왜곡한다는 사실을 더욱 뒷받침해준다. 펜타곤은 조직적인 국가 폭력 행위를 블록버스터 영화 포스터로 만든다. 그리고 사람들은 그 극적인 장면을 보고 '영화 같다!'며 열광한다.

보복할 때가 왔다, 타월헤드!*

현실에 그런 극적인 상황이 벌어지고 있는지를 논의하는 것은 지루한 얘기일 뿐입니다. 그런 영화는 돈 많은 소수 부자의 영화 감상 취향을 대중적으로 만들고, 그런 세상에서는 뉴스가 오락이 됩니다.

그런 영화는 이 세상에 실질적인 고통은 없다고 생각하게 합니다. 왜곡된 시각을 심어주지요.

찌익-

하지만 그런 사진들은 시선을 집중시키고, 지배 권력이 대중의 고통을 정당화하는 건 아닌지 통찰하게 합니다.

그 사진에 담긴 상황을 누가 만들었을까요? 용서할 수 있나요? 그런 비극이 불가피했을까요? 문제 제기를 하지 못하게 만든 상황이 있었나요? 이런 질문도 하게 되죠. 실제로 일어나지 않았던 일은

무엇일까? 왜 일어나지 않았을까?

* 터번을 쓰는 무슬림을 칭하는 은어.

보도사진들에 대한 손택의 해결책은 글이다.
전쟁 사진은 잡지보다는 책이나 신문에 실려야 한다.
책이나 신문에서는 사진 주위를 '글들이 빼곡히
둘러싸고 있지만', 잡지에는 '마음을 사로잡는'
화려하고 멋진 광고들이 나란히 있기 때문이다.

문장에는 깊은 생각이 담겨 있기 때문에
집중력이 떨어지는 독자들도 더 깊이 생각하고
자세히 따져 묻게 한다.

손택은 '가장 참혹하고 가슴이 미어지는 주제의 사진들'은
갤러리에 전시되어선 안 된다고 제안한다.
갤러리에서는 사람들이 가벼운 마음으로 한가롭게
거닐면서 그 사진들을 보게 되기 때문이다.

그런 사진들이 가진 '무게와 심각성'은
조용히 홀로 책을 읽는 동안에 더 깊이 생각하게 된다.
손에 든 책의 무게를 느끼듯이.

노엄 촘스키

여론 조작

에드워드 S. 허먼과 노엄 촘스키의 《여론 조작》은 언론이 선동을 한다는 생각을 발전시키며, 우리가 언론과 언론의 사회적 역할을 바라보는 시각에 큰 영향을 주었다.

언론에 대한 기존의 이미지는 어느 편에도 치우치지 않고, 진실을 추구하며, 권력에 이의를 제기하는 것이었다.

> 언론의 역할은 사실을 전달하여 사회가 올바른 방향으로 나아가도록 해야 한다는 게 일반적인 생각입니다.

촘스키와 허먼은 언론이 실제로는 오히려 엘리트 집단의 경제적·정치적 의제를 옹호하고 전파하는 데 이바지하고 있다고 말했다.

> 우리는 언론이 엘리트 집단의 지배에 대한 대중적 합의를 이끌어낸다고 생각합니다.

> 언론이 스스로 그런 역할을 해왔으므로 엘리트 권력은 노골적으로 강제력을 동원할 필요가 없다.

많은 사람, 특히 우파 정치인들은 언론이 좌편향적이라고 비난한다. 정말 그럴까?

> 언론이 반대편을 위한 목소리를 내며 공정하고 균형 잡힌 사회를 만들고 있는 것처럼 보이는 게 엘리트에게 유리합니다. 그러나 실제론 다른 일이 벌어지고 있습니다.

> 언론은 종종 지배 엘리트가 하고 있는 일에 대해 좌편향적 목소리를 냅니다. 하지만 그 지배의 속성에 근본적인 의문을 제기하거나 반대편의 이익을 고려하진 않을 것입니다.

엘리트에게는 '자유라는 허울을 쓰고' 배후에서 지배하는 것이 독일 나치처럼 '노골적으로 지배'하는 것보다 더 효과적이다.

> 독재자는 언론의 획일성과 복종을 바랄 것이라고 생각해요.

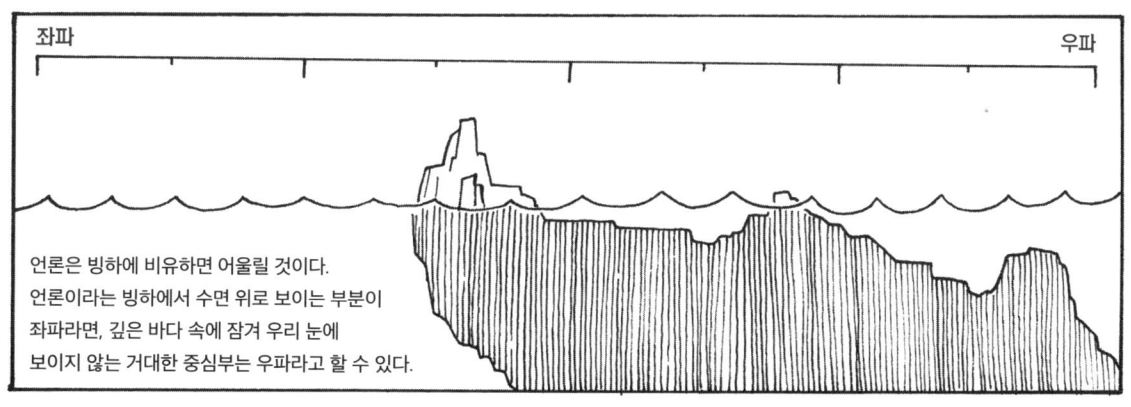

언론은 빙하에 비유하면 어울릴 것이다. 언론이라는 빙하에서 수면 위로 보이는 부분이 좌파라면, 깊은 바다 속에 잠겨 우리 눈에 보이지 않는 거대한 중심부는 우파라고 할 수 있다.

그런 말은 독자의 지성을 모욕하는 것입니다.
뒤에서 언론을 조작하는 집단은 없습니다.

언론에서 일하는 사람들은 대개 좋은 의도를 가지고 있고, 자신이 권력의 개입을 받지 않는다고 생각한다. 하지만 그들은 일정한 틀 안에 갇혀 있다.

촘스키와 허먼에 따르면 우리에게 전달되는 뉴스는 다섯 가지 필터를 거쳐 생산된다.

1. 집중된 소유권, 경영자의 부, 거대 언론 기업의 수익지향성

2. 언론의 주요 수입원인 광고

3. '전문가'와 정부가 제공하는 정보에 대한 의존성

4. 권력에 도전하면 받게 될 '집중포화'와 징계

5. 외부의 적-국교이자 통제 수단으로서의 '반공주의'

첫 번째 필터에 대하여:

대기업 미디어 그룹이 다른 엘리트 집단들과 경제 및 권력 이익을 공유한다면, 자신들에게 수익과 권력을 가져다주는 경제적·정치적 환경을 유지하는 데 도움이 된다. 그렇다면 자신들이 운영하는 신문과 텔레비전 뉴스에 자신들한테 이득이 되는 정책을 비판할 리 없지 않은가?

소유권은 서로 탄탄한 망을 구성하고 있다.

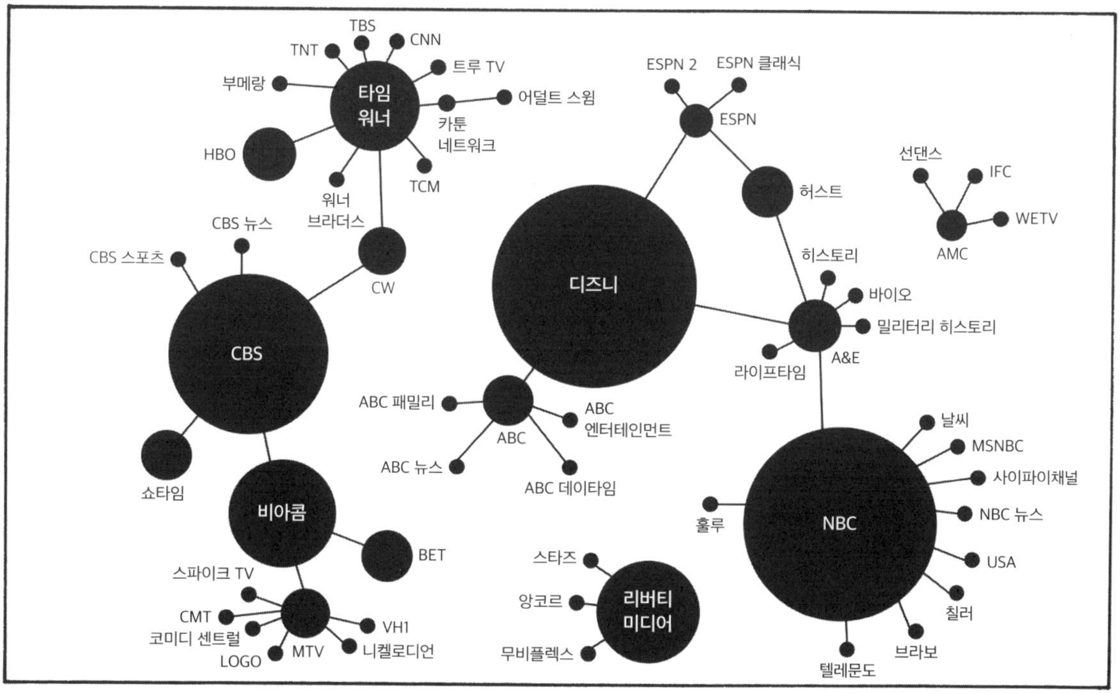

[타임워너: TBS, CNN, TNT, 트루 TV, 어덜트 스윔, 부메랑, 카툰 네트워크, HBO, TCM, 워너 브라더스, CW]

[CBS: CBS 뉴스, CBS 스포츠, 쇼타임]

[비아콤: BET, 스파이크 TV, CMT, 코미디 센트럴, LOGO, MTV, VH1, 니켈로디언]

[디즈니: ABC 패밀리, ABC, ABC 뉴스, ABC 엔터테인먼트, ABC 데이타임, ESPN 2, ESPN 클래식, ESPN, 허스트, 히스토리]

[A&E: 바이오, 밀리터리 히스토리, 라이프타임]

[선댄스, IFC, WETV, AMC]

[리버티 미디어: 스타즈, 앙코르, 무비플렉스]

[NBC: 훌루, 날씨, MSNBC, 사이파이채널, NBC 뉴스, USA, 칠러, 브라보, 텔레문도]

1980년대 이후 미국에서는 여러 방송사가 인수·합병되어 단 몇 개의 거대 기업으로 탄생했다.

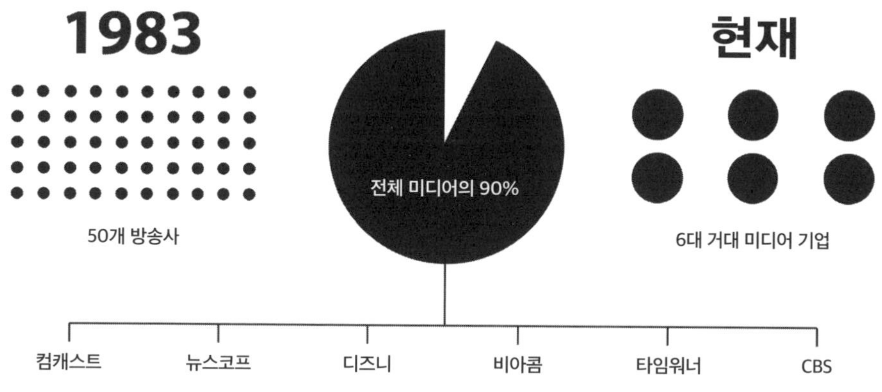

1983 — 50개 방송사

현재 — 전체 미디어의 90% / 6대 거대 미디어 기업

컴캐스트 · 뉴스코프 · 디즈니 · 비아콤 · 타임워너 · CBS

8 노엄 촘스키 _여론 조작

두 번째 필터에 대하여:
언론사는 수익의 대부분을 광고에 의존한다. 그렇다면 무슨 이유로 광고주들에게 해가 되는 기사를 쓰겠는가?
예를 들어 1985년 미국 공영방송국 WNET이 기업 활동에 비판적인 다큐멘터리를 방영한 뒤 걸프 앤드 웨스턴은 광고를 철회하고 후원을 중단했다.

세 번째 필터에 대하여:
언론사는 '전문가'와 정부 기관에서 제공하는 정보에 지나치게 의존한다. 기업주, 정치인, 정부 관료 등의 인터뷰는 비중 있게 다루어지고, 따라서 그들의 입장은 정당하게 받아들여진다. 엘리트 집단은 뉴스에 목마른 언론사에 자신들이 작성한 보도자료를 공급할 수 있는 권력과 자원을 가지고 있다.

네 번째 필터에 대하여:
'집중포화'는 군대에서 쓰는 표현이지만 여기서는 비판, 소송, 정부의 반응을 비처럼 쏟아내며 공격한다는 의미다. 그런 공격은 위험한 영역으로 들어가는 임무를 감행하려는 용감한 저널리스트에게 위해를 가할 수 있다. 대다수가 합의한 의견에서 벗어나 급진적인 생각을 가진다면, 집중포화를 받을 각오를 해야 한다. 이렇게 해서 언론은 줄을 서도록 길들여진다.

다섯 번째 필터에 대하여:
냉전시대에는 공산주의가 외부의 적으로서 역할을 했다. 하지만 지금은 아마도 테러리즘이나 극단주의가 그럴 것이다. 위협의 실재에 대해 의문을 제기하는 사람은 비애국적인 악마로 취급된다. 이것은 엘리트의 입장에서 대중이 모르고 지나치길 바라는 뉴스와 관점을 걸러내는 강력한 힘을 갖고 있다.

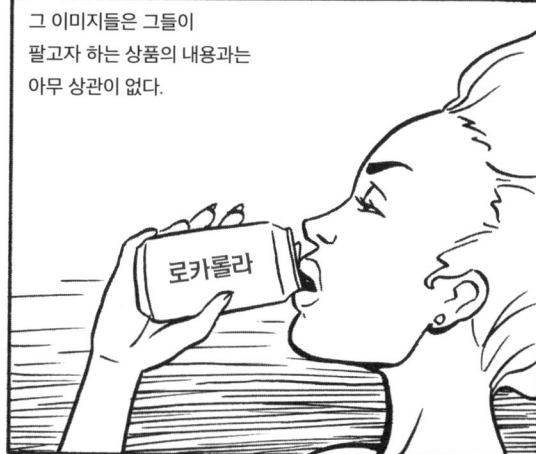

* 부시가 재선되는 데는 젭 부시의 역할이 컸다. 선거운동에 깊이 관여했고, 본인은 부인하지만 많은 국민이 주지사의 영향력으로 재검표가 무산되었다고 믿고 있다.

전쟁 여론을 조성하고 군사력을 예찬하는 노력의 일환으로, 언론은 대중에게 '위협'을 알린다. 따라서 그 위협을 무찌르기 위해 무력으로 대응하는 것이 정당해 보인다. 그게 선제공격이라 할지라도 말이다.

우리는 적과 싸워야 합니다. 적들이 나타나기 전에 적의 계획을 방해하고, 최악의 위협을 제거해야 합니다. 우리는 자유를 수호하기 위해 선제공격을 준비해야 합니다.

엘리트 집단은 제멋대로였다. 시민들이 역사상 최대의 반전 시위를 벌이며 속지 않는다는 것을 보여주었지만 아랑곳하지 않았다.

이익도 없고 평화도 없다

전쟁! 전쟁은 누구를 위한 것인가?

미국 방위산업체 록히드마틴
자원개발 지원업체 핼리버턴
항공기 제조기업 보잉
미사일 생산회사 레이시언

전쟁을 상품화해서 천문학적인 수익을 올린 이라크 전쟁이 바로 그 예다. 더군다나 딕 체니 미국 부통령은 자신이 CEO로 있던 핼리버턴 사를 통해 상당한 부를 쌓았다.

엘리트 집단은 대중매체를 통해 프로파간다를 전파한다. 그것은 우리의 합리적 비판을 약화시키고, 눈앞에 보이는 위협에 대해 비합리적인 판단을 하게 만든다. 그리하여 엘리트 집단은 대중의 지속적인 지지를 받는다. 여기서 지지를 받는다는 것은, 그들에게는 이득이 되지만 나머지 사람들에게는 해가 되는, 그들이 제시하는 정치적 과제를 고분고분 따르게 한다는 의미다.

'국내'에서 벌어진 테러 공격은 추가적인 폭력적·군사적 대응을 정당화하는 데 이용된다. 슬픔, 공포, 두려움, 분노, 사랑하는 사람의 안전에 대한 걱정 등을 이용해 속인다.

2015년 프랑스 파리에서 테러가 일어났을 때, 프랑수아 올랑드 프랑스 대통령은 가장 순수한 형태의 정의, 즉 '무자비한 전쟁'만이 필요하다고 말했다. 이전의 폭력이 마치 그럭저럭 연민으로 얼룩졌다는 듯이 말이다.

또 한 가지 경우는 인도적 개입이 필요한 희생자(현재 정치적 이슈가 될 수 있는 사람)를 이용해서 폭력과 파괴 행위를 자행하는 것이다. 하지만 그 폭력은 기득권층의 이익을 위한 것이다.

폭력이 난무하는 미래를 예상한다면 우리가 폭력의 악순환을 끊어내는 문제에 대해 어떤 생각을 갖고 있는지 진지하게 묻지 않을 수 없다.

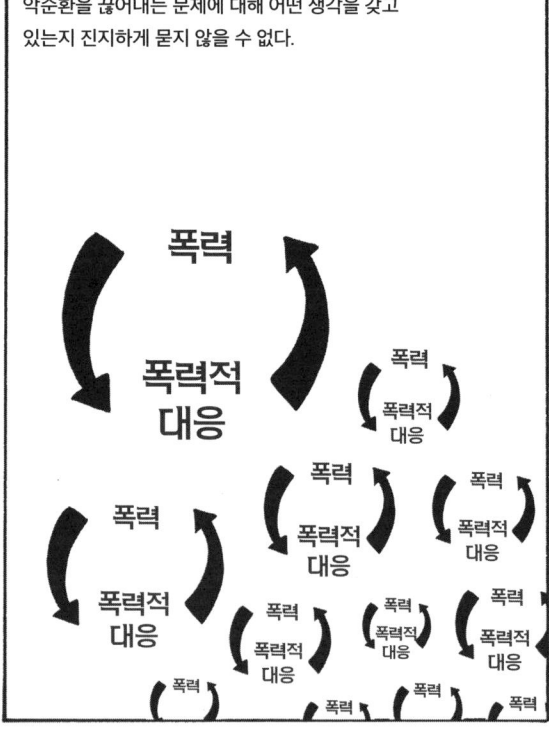

촘스키는 지적 폭력에 대해서도 고심한다. 엘리트 집단이 우리의 지적 능력과 호기심에 얼마나 강력한 폭력을 가하는가. 여러 가지 수단을 동원하여 우리를 더 무지하게 만들고, 교육·언론·직장 내 인간관계 등을 통해 권력에 순응하게 만든다.

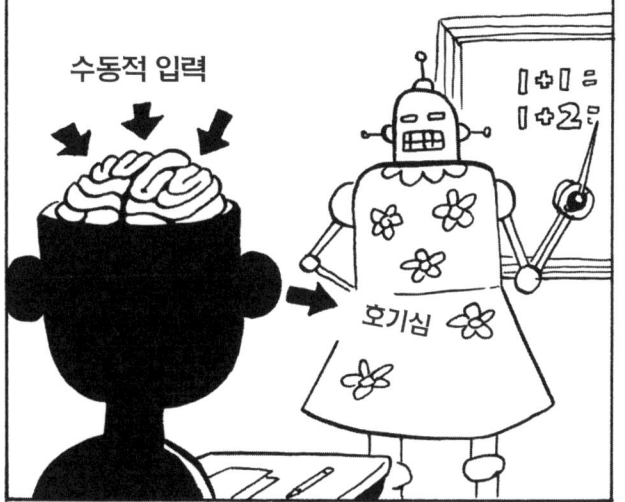

무지와 어리석음이 인간의 근본적인 상태라고 생각하는 사람들이 있다. 촘스키는 다르게 생각한다.

> 무지는 권력을 가진 사람들에게 이득이 되는 정치적 무기입니다. 무지는 사람들이 스스로 생각하지 못하게 함으로써 지배 집단의 의견에 동조하게 하고 반대 의견을 억압하는 데 이용됩니다.

촘스키는 지식인들이 종종 우리의 지성에 가하는 이런 폭력에 동조한다며 비판했다. 대중이 여러 분야에 관심을 갖게 하거나 자신들의 아이디어를 공공의 영역에 적용하기보다는 자신들의 편협하고 사회와 무관한 지식 분야에 주목하게 만든다는 것이다.

> 진실을 말하고 거짓을 드러내는 것, 권력층이 주입한 여론에 도전하는 것은 지성인의 임무입니다.

촘스키는 뛰어난 과학수사 이론가다. 세밀한 부분까지 빈틈없이 살펴보고, 다양한 대상을 기억하며 개인적인 공격에 맞설 용기를 가지고 있다. 그의 연구는 주변 세계를 이해하고, 연민과 정직이 살아 있는 세상을 만드는 데 동참하고 싶은 사람들에게 좋은 본보기가 된다. 이 때문에 촘스키는 일부 사람들에게 영웅적인 인물이 되었다. 하지만 그는 우리에게 이렇게 당부한다.

> 영웅이 나타나기를 기대해선 안 됩니다. 우리에게 필요한 건 올바른 인식입니다.

주디스 버틀러

불확실한 삶

"깊은 상실감으로 애도에 젖어 있는 이 시간, 잔혹한 폭력이 우뚝 솟아 있던 쌍둥이 빌딩을 무너뜨린 이 시간! 우리는 이 시간을 미국이 더 넓은 세계의 일부이고, 그 세계와 관계를 맺고 있다는 사실을 이해하는 계기로 삼아야 합니다!"
교수이자 작가인 주디스 버틀러의 이런 생각이
미국을 강타하며 깊은 영향을 주었다.

주디스 버틀러는 《불확실한 삶》에서 9·11 테러 이후 미국인들이 끝없이 벌어지는 전쟁에 대해 반사적으로 보이는 반응을 목격하고 자신의 생각을 정리했다. 버틀러는 애도와 폭력을 더 깊이 이해하고자 했고, 이 애도와 폭력이 어떻게 연대감을 불러일으키고 전 세계의 정의를 위해 분투하는 용기를 불어넣을 수 있는지를 다루었다.

9·11 테러 이후 미국은 무기한 구금이 자행되는 곳이 된 것 같다. 공공의 논쟁을 검열하고, 애도를 정치적으로 이용하고, 중동을 악마로 묘사하며, 복수심을 부추겨 전쟁 준비를 해야 한다는 여론을 조성하고 있다. 그런 세계에서 버틀러는 이렇게 묻는다. "누가 사람으로 간주되고, 누가 인류에서 배제되는가?"

"상처받을 수 있다는 것과 공격성이 정치적 행위의 중요한 두 출발점이라고 한다면 어떤 정치적 의견을 갖게 될까요?"

온 국민을 공포로 몰아넣은 테러가 벌어진 이후 미국에서는 군국주의가 부활하고 있다. 미국을 다시 세계의 중심으로 만들려는 것이다.

버틀러는 서로 긴밀하게 연결되어 있는 세상에서 우리는 각자 세계적 지도자가 되어야 한다고 주장한다. 세계를 모두가 함께 사는 공간, 역사적 배경을 가진 공간으로 보아야 한다. 그렇게 한다면 우리의 삶이 다른 사람들의 삶에 미치는 영향을 성찰하게 된다.

그 제도가 허용하지 않는 것에는 폭력이 가해진다. 현재의 규범적 틀에서 벗어난 사람은 처벌을 받고 잘못된 행동을 고치거나 배제되어야 한다.

규범은 권력의 장이다. 권력이 허용하는 문화적 규범 안에서 우리는 그 구성원이 되거나 누군가를 배제한다.

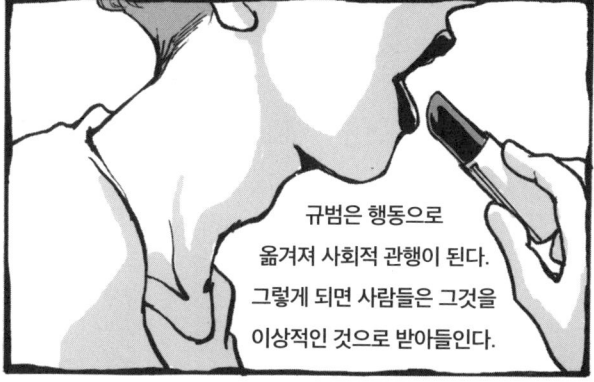

규범은 행동으로 옮겨져 사회적 관행이 된다. 그렇게 되면 사람들은 그것을 이상적인 것으로 받아들인다.

폭력은 물리적일 수도 있고, 아닐 수도 있다. 규범적 폭력은 규제에 의한 폭력이다. 하지만 때로는 물리적 폭력으로 이어질 수도 있다.

사회적 규범은 그런 폭력을 정당화하는 데 그치지 않는다. 그런 폭력에 대한 책임을 희생자에게 돌린다. 그 사람의 일탈 때문에 인해 폭력을 경험했다면 그가 폭력을 유발했다는 것이다!

그러면 우리는 어떻게 애도를 정치의 자원으로 바꿀 수 있을까? 버틀러는 자발적으로 행동하는 것과 주위의 영향을 받고 행동하는 것 사이의 중간 지점에서 번득이는 윤리적 책임감에 대해 서술한다. 폭력을 당한 경험이 있다면 그 책임감은 더욱 통절하게 느껴진다.

우리가 폭력에 대해 대응하는 순간은 윤리적 책임을 지겠다는 결단의 순간이기도 합니다.

보복을 하는 것이 아니라

비폭력적이고 상호 협력적인 국제 관계를 유지하는 것이 지도자의 이상이 되는 사회, 그런 사회를 만드는 데 동참하는 것이 더 책임감 있는 행동이 아닐까?

비폭력은 현재 시점에서는 불가능하게 보일 것이다. 하지만 그것이 가장 중요하다. 폭력에 맞서 폭력으로 대응하는 것이 일반적이다. 역사를 다른 방향으로 끌어가려면 새로운 정치적 상상력이 필요하다. 그게 불가능하다고 생각하는가? 만약 그렇다면 폭력의 악순환을 끊어낼 수 없다는 것을 인정하는 게 아닐까?

강경 우파들은 과격한 언사를 일삼는다. 하지만 훌륭한 세계 시민이 되어야 하는 우리의 책임으로부터 멀리 도망가겠다는 것은 전혀 용감하게 들리지 않는다.

우파의 개혁주의 기독교인들은 왜 '눈에는 눈'을 선택해야 하는가? 왜 '다른 쪽 뺨을 내주는 일'을 절대로 선택할 수 없는 것일까?

버틀러는 비폭력이 모든 상황에서 유용하거나 가능한 원칙은 아니라고 지적한다. 다만 폭력이 필요하다고 생각되는 매 순간 비폭력적인 방법은 없는지 숙고해야 한다.

폭력을 폭력으로 대응하게 되면 폭력이 규범으로 자리 잡게 된다는 점을 명심해야 한다. 그러면 비폭력은 폭력 안의 분노에 저항하는 투쟁이자, 규범화된 폭력에 대항하는 투쟁이 된다.

* 미국과 서유럽의 선진국.

제1세계의 특권이 흔들린다면 미국이 적들로 둘러싸인 바다에서 문명의 요새처럼 외따로이 떨어져 있다는 미국의 환상도 흔들릴 것이다.

그러나 미국 행정부는 복잡한 세계의 현실을 충분히 숙고하지 않고, 부적절한 '테러와의 전쟁'으로 대응했다. 무분별하게 선정된 적을 상대로 무자비한 폭력을 가하는 상징적인 공격이었다.

말도 안 되는 전쟁이었지만 고통스러웠다. 마치 말벌과 개의 싸움처럼.

이 싸움에서 승자는 없다.

버틀러는 미국이 스스로 만들어낸 우월주의에서 벗어나 1인칭 시점이 아닌 3인칭 시점으로 강대국을 바라보는 새로운 질서를 제안한다.

동의하지 않을 겁니다. 그리고 제안을 하겠죠.

이런 제안에 대해 그들은 어떻게 생각할까요?

조르조 아감벤

호모 사케르

아감벤은 주권이라는 개념에 흥미로운 방식으로 접근한다. 그는 주권이 사회생활의 이차적인 면이 아닌 일차적인 면이라고 생각한다.

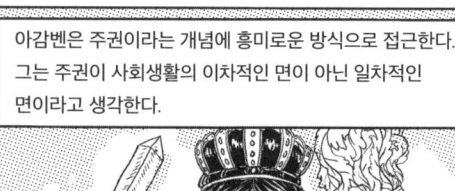

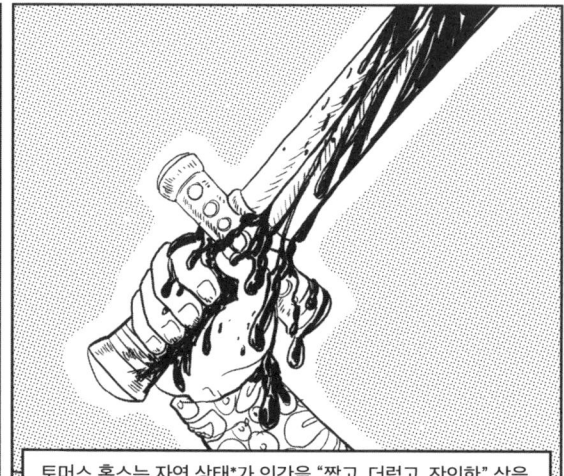

토머스 홉스는 자연 상태*가 인간을 "짧고, 더럽고, 잔인한" 삶을 살게 한다고 언급한 반면, 아감벤은 주권 자체가 폭력의 형태로 나타난다고 주장했다.

이 같은 아감벤의 논의는 다양한 시대와 장소에 적용할 수 있다. 로마 제국, 군주제, 민주주의 체제, 오늘날의 사회적 사건에까지.

* 홉스는 인간의 자연 상태를 '만인의 만인에 대한 투쟁'을 하는 전쟁 상태로 정의한다.

βίος ζωή

주권은 생물학적 인간의 생명과 관련되어 있다. 그리고 인간의 생명은 '비오스'와 '조에'로 나뉜다.

조에는 '벌거벗은 생명' 또는 자연 상태의 생명이라는 뜻으로, 육체적 생명을 가리킨다.

비오스는 정치적으로 인정받은 생명이다.

조에는 단순하지도, 하찮지도 않다. 인간의 보편적 권리를 갖고 있고 그로써 가치 있는 '좋은' 생명으로 변화하기 때문이다.

조에는 육체적 유기체로 존재하는 생명이며, 비오스는 도덕적인 사람, 즉 시민으로 인정받은 생명이다.

만화로 보는
세기의 철학자들 폭력을 말하다
우리는 폭력에 대항할 수 있을까?

초판 1쇄 발행 2018년 1월 15일

지은이	브래드 에번스 외
그린이	로버트 브라운 외
옮긴이	고은주
펴낸이	김한청
편집	오효순
마케팅	최원준, 최지애
표지 디자인	한지아
본문 조판	김성인
펴낸곳	도서출판 다른
출판등록	2004년 9월 2일 제2013-000194호
주소	서울시 마포구 동교로27길 3-12 N빌딩 3층
전화	02-3143-6478
팩스	02-3143-6479
블로그	blog.naver.com/darun_pub
페이스북	/darunpublishers
트위터	@darunpub
이메일	khc15968@hanmail.net
ISBN	979-11-5633-188-9 03100

- 잘못 만들어진 책은 구입하신 곳에서 바꾸어 드립니다.
- 값은 뒤표지에 있습니다.
- 이 책은 저작권법에 의해 보호를 받는 저작물이므로,
서면을 통한 출판권자의 허락 없이 내용의 전부 또는 일부를 사용할 수 없습니다.
- 이 도서의 국립중앙도서관 출판시도서목록(CIP)은 서지정보유통지원시스템 홈페이지(http://seoji.nl.go.kr)와
국가자료공동목록시스템(http://www.nl.go.kr/kolisnet)에서 이용하실 수 있습니다.
(CIP제어번호: CIP2017035896)